女の子の幸福論

もっと輝く、明日からの生き方

大崎麻子
OSAKI ASAKO

はじめに

最近、「『夫は外で働き、妻は家庭を守るべき』と考える20代の男女が増えている」というニュースを聞きました。

専業主婦は、一つの選択肢です。

結婚をせずに生きるのも、共働きで子育てをしながら生きるのも、選択肢。

私の周囲の女性を見ていると、どんなライフ・スタイルを選んでいても、自分の軸をしっかり持ち、自分で選択している人は、生き生きとしています。

反対に、自分の軸を持たない人は、どんな選択をしても「隣の芝生が青く見える」のか、いつも悩みや迷いを抱えているように見えます。

我を忘れて子どものお受験に邁進《まいしん》している人を見かけますが、子どものためというより、本当は世間からの評価を求めているんじゃないかなあという気がします。

夫や子どもに過度に依存《いぞん》したり、周囲の価値観に照らし合わせて自分の生活に優劣をつけていたのでは、「幸せ」を実感する日はなかなか訪れないのではないかと心配になることも。

ニューヨークの国連本部。私の最初の職場です。同じ部署で働くスタッフ全員の国籍が違うような、まさにグローバルな仕事場でした。通算10年間暮らしたマンハッタンも、まさに人種のるつぼです。国連やマンハッタンで知り合った人たちは、人種や言葉や慣れ親しんだ文化こそ違えど、「自分の軸」を持って生きている人たちでした。

どんな人生を送りたいのか、何を大事にしたいのか。

悩みながらも自分の頭で考え、選択し、一歩ずつ歩む。

誰かの生き方や価値観に照らし合わせることはなく、「幸せ」という尺度を自分の中にしっかりと持っているのです。

「わー、そんな考え方があるのか……」

「へー、あんなライフ・スタイルもアリなんだ……」

「ほー、家族の形態って、一つじゃないんだなぁ……」

と、周囲の人たちを見回すにつけ、何度感嘆したことでしょう。

幸せの形は一つではないし、案外どんなふうにでも人間は生きていけるものだと肩の力が抜けました。


最近、日本でよく聞く「グローバルな社会を生き抜く」というフレーズ。それが何を意味するかは人によって違うのかもしれませんが、私の国連での経験からすると、「グローバルに生きる人」とは、

・地球上の人々や環境の多様性を理解し、世界のどこにいても自分の居場所を見つけ、他者と共存しながら自分の能力を開花させられる人
・身近な問題（ローカル）と同じように地球規模の課題（グローバル）にも関心を持ち、行動できる人

だと思います。語学力や交渉力などのスキル以前に、一番大切なのは「自分の軸を持つこと」ではないでしょうか。

私の娘には、

「物事をよく知り、多角的な視点を持ち、自分の人生を主体的に生きて欲しい」

と願っています。

生きていれば、必ずつらいことや理不尽《りふじん》なことに遭遇します。そんな時に、誰かや何かに依存せず、自分で人生の舵取《かじと》りをしていけるチカラ。今のことだけ、自分の視野に入る範囲だけ、という近視眼的な視点ではなく、長い目で、そして柔軟な視座《しざ》で考えるチカラ。

それがこれからの時代に幸福な人生を送るための条件だと思います。

そのために必要なのは、

①自分で考え、自分で決める習慣をつけること
②多角的な視点やリテラシーを身につけること
③他の人と繋がる力を築くこと

もうすぐ11歳になる娘が成人するまでに、親の役目として、国連で経験したことや、世界中・日本国内で見聞きしたことを踏まえて、一つひとつの「チカラ」について伝えていくつもりです。

娘だけではなく、大切な姪たち、私の授業を受講している学生たち、講演会などで出会う子育て中のお母さんや、あらゆる年代の女性たちにも伝えたいなと思います。

それを「あなた」にもお伝えしたくて、この本を書くことにしました。

ここに書いてあることが、これからの「あなた」の人生のちょっとしたヒントになれば嬉しいです。

目次◎女の子の幸福論　もっと輝く、明日からの生き方

第3章 これからの時代に必要なこと

第4章 幸福になるための5つの条件

第1章

ライフデザイン、私の場合

なぜ、こんな私が国連に⁉

「なぜ、国連に入ったのですか？」と聞かれることがあります。とくに、国際的な職場で働きたいと目を輝かせる学生さんから。この質問をされると、言葉に詰まります。

「国連に入ったのは、たまたまです……」

としか言いようがないからです。身も蓋《ふた》もない言い方ですが、学生時代に国連を目指したこともなければ、途上国の開発支援に携わりたいと思ったこともありませんでした。

振り返ってみると、私の「将来の夢」は、幼いころから、お医者さん↓小学校の先生↓アイドル（１９８０年代のアイドル全盛時代です）↓新聞記者かテレビ局の報道記者と変遷《へんせん》。新聞社に勤務する父と、父とは大学のサークル仲間で、メーカーの広報部を経て結婚を機に退職し、3人の子どもを育てながらも地域活動に参加したり、子どもの成長段階に合わせて自分のキャリアを細々ながら保ち、40代になって起業した母に育てられた私は、「女の子だから」という理由で何かを制限された記憶はありません。

それどころか、「しっかりと勉強し、自立して、社会で活躍すべき」と励まされて育ちました。自分が将来、仕事を持つことも家庭を持つことも当然のことと、何の疑問も持たずに成長しました。中学生くらいになって、「女の子だから成績が悪くても仕方ないって親に言われた」とか「女の子は留学しちゃだめだって、お父さんが言っている」という友人の言葉を聞き、「え、そんな考え方があるの!?」と驚《きょう》愕《がく》した覚えがあります。

「女の子だから」と制限をつけずに育ててくれたこともありがたいのですが、母が「問題は解決するもの」「自分の子どもだけがよければいいというのではなく、社会の問題にも関心を持ち、自分にできることをする」という姿勢を見せ続けてくれたことが、今の自分の核になっていると思います。何か問題が起これば、いろいろとリサーチし、行動し、解決する。自分の子どものことだけではなく、他の子どもや地域のことまで考え、自分にできることをする。言葉で教わったわけではありませんが、大きな道しるべになっているなと思います。

中学生の時に意識するようになった「報道の仕事」が一番現実的な夢になりました。大学在学中には毎日新聞社の週刊英語学習紙『毎日ウィークリー』の編集部で3年間アルバイトをし、最後の1年は『あさこ通信』というコラムを担当させてもらったり、当時、衛星放送が始まったばかりで注目を浴びていたCNNの学生オーディションに応募し、米国アトランタの本局へ見学に行ったりして、少しずつ準備をしていました。

ところが、東京でのめまぐるしい生活に、はたと「私は学問をしているのだろうか？　社会人になればさらに忙しくなるのだし、大学生のうちに勉強だけに集中する環境に身を置いた方がいいんじゃないか？」と考え込んでしまいました。

そこで、図書館で電話帳のように分厚《ぶあつ》い全米大学ガイドのページを繰りながら、１８８５年創立のペンシルバニア州の女子大、ブリンマー大学[*1]を探し当てました。なんとなく、ピン！ ときたのです。ブリンマーは、日本の女子教育の先駆者《せんくしゃ》である津田梅子《つだうめこ》や往年の大女優キャサリン・ヘプバーン、ハーバード大学の女性初の学長ドリュー・ギルピン・ファウスト氏など、女性としてフロンティアを開拓するような卒業生を多く輩出したリベラル・アーツ大学です。早速、アドミッションズ・オフィス（入学関連部署）に電話をし、ディレクターにつないでもらいました。

「私は日本の大学の３年生なのですが、お宅の大学に１年間留学したいのです」

ディレクターは、

「まぁ、日本人からこのようなお電話をいただいたのは初めてですよ」

と、電話越しに面食らいつつも、面白がっている様子が伝わってきました。電話でのインタビューを受け、大学の成績証明書、ＴＯＥＦＬ（トーフル）のスコア、推薦状などを提出し、１ヵ月後には留学許可がおりました。ブリンマー大学は、ペンシルバニアのフィラデルフィア郊外に位置しています。木立の間に小川が流れ、よく手入れされた芝生が広がる丘陵地帯にゴシック調の重厚な建物が点在しています。津田梅子が生活した寮が今も使われているような、それはそれは美しいキャンパスでした。大学はリベラルな雰囲気に溢れ、自立したオールラウンドな人間になること、リーダーシップを発揮し、社会に貢献することが奨励《しょうれい》されていました。アメリカだけではなく、世界中から集まった学生たちと寮生活を送りながら、哲学とジャーナリズムの勉強に明け暮れたのです。

その後帰国し、若干就職活動をしましたが、最終的にはニューヨークのコロンビア大学の国際関係・公共政策大学院（School of International and Public Affairs: SIPA・以下ＳＩＰＡ）に進学することにしました。専攻は、International Media（国際メディア）です。大学卒業と同時に結婚もし、配偶者《はいぐうしゃ》だった人が働いていたニューヨークに移住しました。そして、さあ、来月から大学院！　という時に妊娠していることがわかりました。23歳でした。すぐにつわりが始まり、体調は最悪。ＳＩＰＡの国際メディアプログラムは、講義中心の授業ではなく、実際にニューヨークの街に出て取材三昧《しゅざいざんまい》の日々を送るという実践的なカリキュラムが「売り」ですから、とてもついていけそうもありません。つわりが終わって体調が回復したとしても、出産、子育てと続きます。泣く泣く大学院の事務局に出向き、「妊娠したし、体調も悪いので、入学を辞退しようかと思います……」と打ち明けたところ、かえってきた言葉は、

「Why?」

ほ、ホワイって、だって、体調悪いし、子ども生まれるし、生まれたら育てないといけないし……。

「Why not doing all that?」(勉強も子育ても、やればいいじゃないの)

は???

よくよく聞くと、そんなのよくある話だと……。

「2年目の学生の中には秋学期の試験が終わったらすぐに出産する人もいるわよ」

いや、でも、国際メディアプログラムは、街に出て取材しないといけないし、厳しくてインテンシブ（集中的）なカリキュラムだって聞いてるし……。

「じゃあ、他の専攻科目にしたら？　ここには、国際メディア以外にも専攻科目がいろいろあるんだから」

え？　だって、国際メディア専攻希望で受験したんですよ。入学後に専攻を変えてもいいんですか……？

「Why not?」

そそそ、そんなんでいいの!?　と目から鱗《うろこ》が落ちました。確かに、専攻科目を変更すれば、やってやれないことはないかもしれない。妊婦学生がゴロゴロいるのなら、私にもできるかも……。という考えがむくむくと湧《わ》いてきました。

妊娠・出産したら、自分のことはすべて後回しにしなければならない、それが母親の責任……。今の自分からは想像できませんが、当時は「母親のあるべき姿」がそう刷《す》り込まれていました。

とはいえ、いったい何を専攻したらよいのか……ラインナップは、国際安全保障、政治・経済開発、国際金融・ビジネス、国際人権・人道問題。うーむ、どれもワカラナイ。でも、人権問題なら自分も人間だし、大学時代に倫理学の授業を取って結構好きだったし、もしかしたらいけるかも!? と、消去法でたどり着いたのが「国際人権・人道問題プログラム」でした。

大学院初日。教室は、ボスニアやらミャンマーやら、まさに最前線で人権問題に取り組んでいるような活動家で溢れかえっています。ツワモノばかりが集まった、濃い世界……今までの自分の人生ではお目にかかったことがないような熱い集団です。皆が顔を真っ赤にして大激論しているのが一体何の話かよくわからず、人権問題に関する基礎的な単語もよく知らず、大事な国際人権法の授業は朝イチだったので、つわりがひどくてロクに出席すらできず。「あのヒトは一体なんなんだ？？」という冷たい視線に耐えて、最初の学期を終えるような有り様でした。

その後、予定どおり大学院を休学し、24歳の誕生日から2週間後に長男を出産しました。「子ども好き」という訳ではなかったので、ちゃんと育児できるのか、途中で飽きてしまうんじゃないか、いや、それ以前に生まれてきた赤ちゃんを可愛いと思えるのか、とても心配だったのですが、生まれた瞬間に世界観が変わってしまいました。自力では生きられない状態で生まれてくる赤ちゃん。おっぱいに吸い付けるようになり、目が見えるようになり、笑顔をつくるようになり、声を出すようになり、寝返りを打つようになる。その成長ぶりには圧倒されました。

息子が生まれてからしばらくして、大学院の授業で習った「世界人権宣言」の第30条が雷のように閃《ひらめ》きました。

「この宣言でうたわれている自由と権利を、ほかの人の自由と権利をこわすために使ってはならない。どんな国にも、集団にも、人にも、そのような権利はない」

なるほど！　たくさんの可能性を持って生まれてきた人間の伸びようとする力を押さえつける権利は誰にもない……本当にそうだわ！　と心の底から思いました。

その時初めて人権の問題に目覚め、ちゃんと勉強しようという意欲が湧いてきたのです。

復学後、育児をしながら勉強に励み、教室で繰り広げられる「熱い議論」にも少しずつ入っていけるようになりました。そして、SIPAでは必修の「インターンシップ」。アメリカの大学院は通常2年間。1年目が終わり、夏休みになると、仲間はみなアフリカやバルカン半島や南アジアの紛争地域や難民キャンプに散らばっていきました。1歳になったばかりの息子を抱えた私は、さすがに人権侵害の現場に駆けつけることはできません。指導教授に紹介してもらって、夏休みの2ヵ月間、国連ニューヨーク本部のCenter for Human Rights（人権センター）でインターンをすることになりました。

職場は国連本部ビルの確か29階だったと思います。フィリピン人の女性がセンター長、直属の上司はギリシャ人の女性でした。張り切って出勤し始めたのですが、インターンの最初の仕事は世界中から毎日届く「人権侵害」を告発する手紙やレポートを分類することでした。おそるおそる手紙を読み、「拷問《ごうもん》」とか「拉致《らち》」とか

「拘禁《こうきん》」などに振り分けていくのです。恐ろしい写真が同封されていることもあり、毎日心臓がバクバクしていました。当時、印象に残っているのは、ギリシャ人の上司が深いため息をつきながら低い声で話してくれた、アフガニスタンの女性弁護士の焼身自殺のニュースです。数年前からイスラム原理主義の武装勢力タリバンが台頭《たいとう》しはじめ、高い教育を受け、職業についていた女性たちは、働くことはおろか一人で外出することすら許されなくなっていました。そうした締め付けに対する抗議の焼身自殺でした。その直後の1996年9月、タリバンが首都カブールを制圧し、女性の人権や女の子の教育機会が著しく制限されるようになったのです。

夏休みのインターンシップが終わると、ギリシャ人の上司の紹介でユニセフ（国際連合児童基金）本部の緊急対応室（Emergency Response Division）でインターンをすることになりました。当時、グラサ・マシェル女史[*2]が指揮をとり、ユニセフやUNHCR（国連難民高等弁務官事務所）などが協力して「武力紛争が子どもに与える影響に関する調査報告書」を数年かけて作成していました（この報告書はのちに、1999年に採択された安全保障理事会決議１２６１号「子どもと武力紛争に関する決議」の採択につながっていきます）。

そのプロジェクトの事務局がインターンを探していたのです。せっかくなので、大学院の授業の合間にユニセフに通いました。

ところが、ここでも最初に任されたのが、山ほどある資料の分類です。「子ども兵士」「子どものレイプや性的暴力・性的搾取」「子どもへの拷問」「地雷被害」「（親やきょうだいを目の前で殺害されたことによる）精神的トラウマ」などなど。紛争地の子どもたちが直面している凄《すさ》まじい現実に、どうしても２歳の息子の姿を重ね合わせてしまいます。毎日泣いてばかりで、精神的に疲弊《ひへい》してしまいました。人権・人道問題を扱うには精神的なタフネスが必要です。「この仕事には向いていないいんじゃないか……それだけの精神力がないいんじゃないか……」と思うようになりました。

「人権侵害を扱う仕事は私にはムリだ……」と胸の内を先輩の邦人（日本人）職員にグチグチ相談すると、

「じゃあ、開発の仕事を考えてみたら？　ＵＮＤＰ（国連開発計画）とか」
とこともなげに返されました。え？　ＵＮＤＰ？　開発？

「人権侵害が起こってからの仕事がきついんだったら、人権侵害や紛争を未然《みぜん》に防ぐという意味で、『開発』の仕事を考えてみたら？」

なるほど。そう言われてみればそうだ。ＵＮＤＰか。

開発の経験はないけど大丈夫かな？　と思いつつも、翌日、先輩職員に紹介されたＵＮＤＰの邦人職員に会いに行きました。国連システムには、たくさんの国の人たちがいますが、やはり、どこの国も同胞《どうほう》の結束は固く、互助的《ごじょてき》なネットワークを作っています。その中で情報交換をしたり、先輩が後輩にアドバイスをしたりしているのです。日本も例外ではなく、とてもアクティブな邦人職員会がありました。

こういう時こそ、日本人の繫《つな》がりです。私が会いに行ったのは、ＵＮＤＰと日本とのパートナーシップを強化するために、ＪＩＣＡ（国際協力機構）から出向していた

Mさんという女性でした。当時、日本は世界一のODA（政府開発援助）拠出国。UNDPにとっても日本は最大の拠出国だったので、UNDP内には日本との協力関係を推進するためのユニットがありました。Mさんは、やはり外務省から出向していたNさんと二人でこのユニットを切り盛りしていたのです。

Mさんはマシンガントークで UNDPという組織のこと、日本の援助の仕方とどう違うか、どんな協力関係にあるかを一気に教えてくれました。そして、最後に一息おいて、

「ところで、来月大学院を卒業したらどうするの？」

「え、まだ何も決まっていません……」

「じゃあさ、うちに来ない？　仕事量が増えちゃったから、アシスタントを雇おうと思ってデンマーク人に来てもらうことにしてたの。ところが『やっぱり都合がつかない』って今朝電話してきたのよね」

ななな、なんというタイミング！

「でも、大学院の専攻は開発じゃないし、現場経験もありませんが……子どももいるし……」

「あ、大丈夫。うちの部署で仕事すれば勉強になるし、経験にもなるでしょ。それに、17時に帰ってもらって全然かまわないわよ」

というまさかの展開。その後、筆記試験と面接を受けて、アシスタントとして採用してもらいました。「開発とはなんぞや？　開発の世界にはどんなプレーヤーがいて、どんなふうに物事が動いているのか、国連や拠出国政府のはたしている役割は？」といったイロハを学ぶにはうってつけの仕事でした。当時息子は2歳。それを承知で採用してくれたMさんとNさんには今も感謝しています。

「人間開発」に出会う

１９９７年5月に大学院を卒業してからすぐに、ＵＮＤＰ資金渉外局ジャパン・ユニットで働き始めました。とはいえ、開発に関しては何もわかりません。まずはＵＮＤＰが掲げる「人間開発」という考え方・アプローチを猛勉強しました。

みなさんは「開発支援」って何か、知っていますか？　現在、地球上には69億人が暮らしています。２０１２年に発表された国連の報告書[*3]では、14億人が一日１・25ドル以下で生活する「極度の貧困」状態にあると言われています。貧困は単に所得だけの問題ではなく、尊厳のある生き方をできるかどうかという大きな問題です。教育、健康、雇用、人権、環境などの問題とも深くかかわっています。人々が貧困から脱却し、生活水準を向上させ、尊厳のある生を営めるような仕組みをつくることが「開発」の大きな目的だと思います。

世界中を見渡してみると、発展を遂げているように見える国でも、大きな貧富の差があったり、男性と女性の間、都市部に住んでいる人と農村部に住んでいる人の間、民族と民族の間の格差があったりすることがわかりました。

大規模な経済開発や社会開発だけでは解決しきれない貧困や格差や不平等の問題。そこで出てきたのが、1990年にUNDPが発表した「持続可能な人間開発」(Sustainable Human Development)という考え方です。

「人間開発」は、開発の目的を、

「一人ひとりの人間が、自らの意思に基づいて自分の人生の選択と機会の幅を拡大させ、生産的かつ創造的な人生を開拓できるような環境をつくること」

としました。

平たく言えば、「一人ひとりが持って生まれた可能性を充分に開花させ、自分の意思に基づいた生き方ができるようにすること」です。従来の開発は「経済」や「社会」という単位に注目していましたが、人間開発はまさに「一人ひとりの人間」に着目しています。

選択肢を持ち、自己決定するために必要な力（human capabilities＝人的能力）は大きく分けて4つあるとされています。

①健康で長生きすること
②知識を獲得すること
③適正な生活水準を保つために必要な資源を手に入れること
④自由に政治的・文化的活動ができて、社会の一員として認められることで、自尊心を持てること

これらの能力を一人ひとりが身につけ、尊厳のある人生を送れるようにすることが国の持続的な発展につながる、そして、国の一番の財産は「人」であるというのが「人間開発」の根底にある考え方です。この4つの目標を具体的な「開発支援の領域」に落とし込むと、以下のようになります。

①保健・医療
②教育
③生計手段の確保・雇用
④公正かつ民主的なガバナンス（統治《とうち》）

「開発」の概念の中に、「政治的、社会的、経済的、文化的自由」や「一人ひとりの自己決定権・人権」が入ってきたのはとても画期的なことでした。一人ひとりの潜在能力を育むだけではなく、誰もが政治や経済に平等に参画したり、自由に意見を表明し、意思決定にも公平に参画できるようなシステム（民主的なガバナンス）を創らなければならないということだからです。この考え方が主流になるにつれ、人々、とくに「女性の政治参加の促進」も、「開発支援」の一環《いっかん》として世界各地で取り組みが行われるようになりました。

「人間開発」という概念をおぼろげながらも理解し始めた時に、カンボジアに出張しました。

首都プノンペンの空港には、今でこそ冷房がよく効いた近代的なターミナルが建っていますが、当時は冷房もない簡素《かんそ》な建物。世界遺産のアンコールワットも、現在は見事に観光地化されていますが、その時はまだ、寺院にいたる参道《さんどう》には物乞《ものご》いの子どもたちや、地雷《じらい》で手や足を失った人たちがたくさんいました。宿泊できるホテルもまばらでした。国の大動脈である幹線道路はかろうじて地雷撤去が済んでいましたが、人々の生活圏である畑や小道には大量の地雷が埋まっていました。視察先によっては、つねに現地職員の足跡の上を歩くように厳しく言われることもありました。

その時の出張で最初に訪れた場所がプノンペン市内のスラム地域でした。川の上に高床式《たかゆかしき》の小屋が立ち並び、木造の通路でつながった居住地域です。注意しないと、通路の隙間《すきま》から川に落ちてしまいます。川は、炊事場であり、洗濯場であり、トイレであり、ゴミ捨て場。強烈な臭いがただよい、有毒ガスも充満しているような劣悪な環境です。裸で走りまわる子どもたちは皆、年齢の割にとても小さくて、栄養状態が悪いことがはっきりわかります。衛生状態も悪いので、いつ病気や感染症に罹《かか》ってもおかしくない、いつ川に落ちてしまってもおかしくないという状況です。

しばらく歩くと、小さな子どもたちが首飾りを下げていることに気が付きました。首飾りには何か意味があるの？　と聞くと、

「お守りですよ」

という答えが返ってきました。病気になっても、まず医者にはかかれません。国内のほとんどの医師が虐殺されてしまったからです。医療システムもありません。

「元気に育って欲しい」という親の願いは万国共通なはずなのに、親が持つ「選択肢」にこれほどの違いがあるなんて。

当時、私の息子は、よく中耳炎で高熱を出していました。耳が痛いと言って泣く息子をおぶって小児科クリニックやER（エマージェンシー・ルーム）に駆け込んだことは数知れず。真夜中に、24時間営業のドラッグストアへ、医師に処方してもらった抗生物質と解熱剤を買いに走ったこともあります。痛みが引いてスヤスヤ眠る息子の顔を見て、やっと自分も眠りにつく。何度そんなことを繰り返したでしょうか。でも、それができたのもニューヨークに医師、病院、薬、24時間営業の薬局があったからです。

一方、スラム地域のお母さんたちにできることは、子どもが病気にならないように、死なないようにと祈ることだけです。その切実な思いが「首飾り」に集約されているのをみて、「貧困に生きるというのは、『選択肢』がないことなんだ……」と痛感《つうかん》し、涙が出ました。

ジャパン・ユニットでアシスタントの仕事をしている間に、国際機関JPO派遣制度[*4]の試験も受けていました。経験の浅い若手の人材を国際機関に送り込むための制度で、多くの国が実施しています。日本も外務省が2年間という期限付きで日本人の若手の人材をさまざまな国際機関に派遣しています。若手職員は、2年の間に経験を積みつつ、国連に残りたい人は自力でポストを探さなければなりません。今現在、国連で活躍している幹部職員を含め、多くの日本人職員がこの制度を利用して、国連でのキャリアをスタートさせています。

無事試験に合格し、今度はJPOとしてUNDPで働くことになりました。ファミリー・デューティー・ステーション（家族を連れて赴任するのに適切とされる各国の事務所）からオファーがあれば、息子と二人で赴任する気満々でした。最初に打診を受けたのは、モンゴル事務所です。民主的ガバナンスのプロジェクトのポストが空いているとのことでした。同時に、ニューヨーク本部の開発政策局のジェンダー・

ユニットが日本人のＪＰＯを欲しがっているという話も聞こえてきました。そのユニットが管理していた日本の基金、ＵＮＤＰ—Japan Women in Development Fund（ＵＮＤＰ・日本ＷＩＤ基金）を担当できる日本人職員が欲しいと。基金のお金をプロジェクトに使う時には、日本政府との協議や承認や報告が必要なので、日本語がわかり、阿吽《あうん》の呼吸で日本政府と交渉できる人をマネージャーにしたいというのが理由でした。「せっかく開発援助機関で働くのだから、途上国の事務所でフィールド経験を積みたい」と思っていましたが、「ジェンダー（社会的性別。41ページ参照）」という領域に特化《とっか》した部署で専門知識を身につけるのもいいかもしれないと考え直し、こちらのオファーを受けることにしました。

こうしてＵＮＤＰ開発政策局ジェンダー・チームで仕事をすることになったのです。ジェンダー問題や途上国の女性支援に精通していたわけでも、その問題にどうしても携わりたいという希望があったわけでもなく、たくさんの「たまたま」と、目から鱗が落ちるような「助言」を経て、ようやくたどり着いたのでした。

「ジェンダー」ってなに？

1998年9月、いよいよ開発政策局ジェンダー・チームでの仕事が始まりました。「ジェンダー平等と女性のエンパワーメント」を推進するための部署です。「人間開発」の理念に基づいて、男性も女性も、男の子も女の子も、一人ひとりが持って生まれた可能性を最大限に開花させ、人生の選択肢を広げ、自分の意思で選択していくような環境を創る、それがジェンダー・チームのミッションでした。

確かに、途上国の女性や女の子の現状を見てみると、「性別」を理由にあらゆる機会を奪われている現状があるのです。

たとえば、国連などが発表している左のこんな統計。

近年の世界の女性と女の子の現状

5歳の誕生日を迎えられない女の子（パキスタン）	1000人中94人（日本4人）、男の子は1000人中85人
15歳以上の成人非識字人口と女性の割合	7億7500万人のうち64%
低所得国での女性の中等教育就学率	39%（男子45%）
女性の児童婚（18歳未満での結婚）	20〜24歳の女性のうち3人に1人、そのうち12%は15歳未満
HIV感染者に占める女性の割合	サハラ以南アフリカでは59%
妊産婦死亡率	日本では10万人のうち6人に対し、アフガニスタンでは10万人のうち1400人
女性の平均寿命	アフガニスタン50歳、チャド48歳、日本86歳
農業・漁業・畜産業（食料生産）の労働人口に占める女性の割合	世界の食糧のうち50%、開発途上国の食糧の60〜80%
無償ケア労働（家事・育児・看護・介護）の女性の割合	南アフリカ74%
国会議員に占める女性の割合（世界平均）	20.4%
土地所有者の女性の割合（EU15ヵ国）	20%

出典：国連、ユネスコ統計研究所、国連人口基金、世界銀行、WHO、FAO、UNDP、IPU

これらの数字からわかるのは、３つのことです。

①幸せに生きるための基本的な条件でもある「健康」や「教育」の面で、男女格差があること

②家事、育児、病人や高齢者のケア（お世話）を担う女性や女の子は、家族の命綱であり、コミュニティの大切な担い手であること

③家庭内や社会の「意思決定」に関わったり、土地や財産などを「所有」する女性はとても少ないこと

言い換えると、人間開発を実現するには女の子や女性が「平等に医療や教育を受けられるようになり、経済力をつけられるようにすること」「家族とコミュニティの命綱として大切な役割を担っていることを正当に評価すること」「コミュニティや国の形を決める政治にも、当事者として平等に参加できるようにすること」が必要不可欠です。それにしても、なぜ男性と女性の間に格差が生じるのでしょう？

そもそも「男性」と「女性」って？

私たちは一人ひとり、持って生まれた性別があります。「男」「女」で表される、生物学的な性別です。生殖器官《せいしょくきかん》やホルモンによって分けられた性差です。たとえば、第二次性徴期《だいにじせいちょうき》に入ると、男の子は男性ホルモンが分泌されて、声変わりや生殖機能の発達が進みます。女の子は月経が始まり、妊娠・出産が可能になります。こうした性差が「生物学的性別」（sex）です。

それに対し、「男らしさ、女らしさ」という人々の感覚やイメージによって規定された性別を「社会的性別（＝ジェンダー）」（gender）といいます。たとえば、男性なら「強い、たくましい、一家の大黒柱、理性的」。女性なら「優しい、お母さん、きめ細やか、感情的」。小さいころ、「男の子は泣くな！」とか「女の子はもっとおしとやかに！」と言われている子を見たことがありませんか？　泣き虫も、元気のよさも、性別ゆえの特質ではなく、一人ひとりの性格によるものですが、こうして「男らしさ、女らしさ」「男のあるべき姿」「女のあるべき姿」といったジェンダー観が刷り込まれていきます。それが「男女間の役割分担」や「（男が決めて女が従うといった）男女の関係性」に繋がります。

先ほどの統計の背景にあるのは、まさに「ジェンダー」の問題。「女性は男性（父、夫）に従うべき。言うことを聞かない時は力を使ってもＯＫ」「女性の仕事は子どもをたくさん産み、育てること。教育はいらない」「政治や経済は男性の仕事。女性は決まったことに従えばよい」「女性は土地や財産を所有すべきではない。女性が家の所有物。結婚相手は親が決める」といったジェンダー規範が、家庭内や社会での女性の立場を弱くしたり、法律や制度や経済構造にまで深く根付いていることがあるのです。それでは、女の子や女性の選択肢は限られたままになり、「人間開発」はとうてい実現できません。そこで、国際社会は「女性のエンパワーメント」と「ジェンダー平等の推進」という2つのゴールを掲げています。

「女性のエンパワーメント」は、女性が人生におけるあらゆる選択肢を自分の意思で選び取って生きていくために必要な力、男性と対等に家庭内や社会の意思決定に参画する力をつけることです。

「ジェンダー平等の推進」とは、男性と女性が同じようにさまざまな選択肢や機会や資源にアクセスでき、意思決定にも平等に参画できるようにすること、そのための仕組みを整えること。

現在、国連や政府やNGOなどが、世界各地で女性が「生きていく力」をつけるような取り組み（教育、保健、職業訓練、雇用、政治参加など）、そして、女性が「生きていく力」を活かしていけるような仕組みづくり（法律の整備、経済・社会政策や公共予算の分配に関する意思決定への女性の参加の促進、雇用環境の整備など）を行っています。

私はUNDP／日本WID基金の責任者として、世界各地で「女性のエンパワーメント」と「ジェンダー平等の推進」を目的としたプロジェクトを実施していました。普段はニューヨーク本部に勤務していましたが、頻繁に出張しました。UNDPの事務所は各国の首都にあります。でも、私が関わっていたプロジェクトの多くは、いわゆる「僻地《へきち》」で行っているものばかり。ベトナム、カンボジア、グアテマラ、エチオピア……。何時間も車に揺られてようやくたどり着く山岳地帯や平原の、ど真ん中の集落。道路が通っていない「陸の孤島」には、船を乗り継いで行くこともありました。

たとえば、グアテマラで「女子教育推進プロジェクト」を行っていた時にも現地に出張しました。中米のグアテマラの山岳地帯に住むマヤ民族の集落。首都グアテマラシティから車で5時間、ケツァルテナンゴ市の山あいに暮らしています。大昔からマヤ民族が住む乾いた赤土の土地。村人たちは畑を耕し、自給自足に近い生活を送っています。

小学校の視察に行くと、低学年の教室では、色鮮やかな民族衣装に身を包んだ子どもたちが楽しそうにゲームをしています。マム語で育った子どもたちがグアテマラの公用語であるスペイン語を楽しく学べるよう、担任の先生が工夫しているのです。教室の中には男の子と女の子の数が半々です。

ところが高学年の教室に行ってみると、女の子の数は激減し、約3割に。女の子が学校に来なくなる一番の理由は「お母さんの手伝い」です。畑仕事、水汲み、食事の支度、幼いきょうだいの子守りなど、お母さんは朝から晩まで働いているので、女の子が手伝うのです。

放課後、小学5年生のリリアンちゃんの家を訪ねると、リリアンちゃんは畑を耕したり、小さい妹と弟をあやしたりと大忙し。リリアンちゃんのお母さんは小学校に通うことができなかったので、スペイン語は学びませんでした。若くして結婚し、子どもを5人も産んで働きづめの毎日です。お母さんはマム語でこう言いました。

「リリアンには、よく勉強して収入を得られる仕事に就いて欲しい。私の人生は、本当に大変だったから」

リリアンちゃん自身も、将来は学校の先生になりたいと考えています。そのためには大学まで進まなければなりませんが、「女の子」が学業を続け、収入のある仕事に就くまでにたくさんのハードルがあります。あれから10年。果たして、リリアンちゃんは望み通りに学校の先生になれたのでしょうか？

途上国での仕事以外に、UNDPという組織自体に「ジェンダー平等の文化」を根付かせるというミッションもありました。管理職や幹部職の男女比率を半々にするという数値目標があります。秘書などのサポート業務を担うスタッフや、エントリー・レベルの若手スタッフには女性が多いのですが、管理職以上、しかも幹部職員クラスになると圧倒的に男性の方が多いというのが当時の状況でした。登用しようにも女性が少ない、なぜなら「多くの女性職員が途中で辞めてしまうから」ということがわかりました。そこで、人事部とも協力して、ワークライフバランスを拡充し、女性が働き続けて管理職になれるような環境づくりにあたっていました。

私自身も、国連のワークライフバランス制度の恩恵を受けました。2002年4月に娘を出産し、6ヵ月後に職場復帰したのですが、その直後の12月から子連れ出張開始。国連では2歳未満の子どもを出張に連れて行く場合、子どもの飛行機代と若干の日当《にっとう》が出るのです。ユニセフが「2歳まで母乳育児を!」と推奨《すいしょう》しているので、授乳《じゅにゅう》中のお母さん職員が授乳を中断しなくて済むように、という配慮があったからです。

中国、タイ、フィリピン、カンボジア……1歳のお誕生日を迎えるまでに娘のパスポートにはたくさんの入国スタンプが押されていました。ただ、現地でのベビーシッターは自分で手配しなければなりません。私の場合は、アジア方面の出張の時は母と成田空港で合流し、一緒に回ってもらっていました。フィールド視察で村を訪ねたりすると、抱っこひもの中で私にしがみついている乳飲み子の娘は大人気です。村の大人や子どもたちは、娘のほっぺたを触ったり、抱っこしたり、身ぶり手ぶりで「お母さんに似てる！」と伝えてくれたり。「母親であること」が、境界線を一瞬で取り払ってくれる感覚は貴重な経験でした。

「グローバル」の本当の意味

ＵＮＤＰは、女の子や女性が「生きる力」、つまり、自分の意思で人生における選択をしながら生きていくために必要な能力をつける支援をたくさん行っていました。政治的中立性という国連機関の強みを活かし、「変化を起こしたい」という地元の人たちを支援したり、協力しながらあらゆるプロジェクトを行っていました。

１９９８年に私がＷＩＤ基金の運営を任された時は、支援の重点分野が３つありました。

①　健康

②　教育

③女性の社会参加の促進

たとえば、「パキスタンでの母子保健推進プロジェクト」「グアテマラの女子教育改善プロジェクト」「フィリピンの女性向け職業訓練プロジェクト」といった女性の潜在能力《せんざいのうりょく》を育てるような内容です。その後、ＵＮＤＰ全体の組織改革の流れもあり、大きな方針転換がありました。草の根レベルで女性たちの能力育成プロジェクトはＵＮＤＰ以外にもたくさんの援助機関やＮＧＯが取り組んでいるので原則的には廃止。代わりに、「ジェンダーに平等な仕組み」をつくるような支援を行うことになりました。具体的には、

「女性と男性が同じように意思決定に参画できるような仕組み」

「経済、政治、地域コミュニティに女性のニーズが反映されるような仕組み」

をつくるための支援です。

「エクアドルの女性有権者教育と立候補者の能力強化支援」「コンゴの法制度」モンゴルやウガンダの「ジェンダーに配慮した編成のための能力構築予算」などで

す。

エクアドルのプロジェクトは、2002年の国政選挙に照準を合わせて実施しました。活動は三本柱でした。①「選挙候補者の35パーセントを女性にする」という割り当て法の実施を各政党に促すための啓発、②女性候補者や女性リーダーの育成、③女性有権者が政治課題を理解し、投票することを促す全国キャンペーンです。結果として、すべての政党が割り当て法を実施したわけではなかったのですが、全体的に女性の政治参加は拡大しました。国会議員に占める女性の割合は18パーセントから23パーセントに、地方議員では28パーセントから30パーセントに増えました。それ以来、女性の政治参加は定着し、2009年時点で国会議員に占める女性の割合は29パーセント、閣僚に占める割合も35パーセントと目覚ましい進歩がありました。

UNDPの多国籍チームで働き、世界各地に赴いてプロジェクトに関わった経験から学んだことは、

①世界のどこに生まれるかによって、男に生まれるか女に生まれるかによって、「機会や選択肢の幅」に大きな差が出ること
②世界は多様であると同時に、坦々とした日常の営みの上に人々の人生が成り立っているという点では、普遍性に満ちていること
③どの地域にも、「これはおかしい」と声を上げ、時には権力にも立ち向かい、社会を変えようと行動する人がいること

子どもを持ったことで世界観がガラリと変わり、その延長線上で私のキャリアはスタートしました。仕事に対するモチベーションも、最初は理念的なことよりも同じ「お母さん」としての皮膚感覚や連帯意識が大きな原動力になりました。食べるもの、着るもの、話す言葉は違っても、地球上のどこでも毎日、生活の営みがあります。この世に生まれ、育ち、生計を立て、子育てをし、老いて、この世を去っていく。人生の道のりも大差ありません。でも、世界のどこに生まれるかによって、

人生や生活におけるハードルの数、ハードルの高さがまったく違ってきます。たとえば「家族の朝ご飯をつくる」という営み。日本に住む私には、ガスと水道があるし、食料品は冷蔵庫にストックしてあるので、所要時間は15分といったところでしょうか。ところが、途上国の農村地帯であれば、水汲みや薪集《まきあつ》めから始めなければなりません。食料の調達にも時間がかかるうえに、貯蔵することもできません。「朝ご飯をつくる」ための時間と労力のコストがまったく違うのです。それが女の子の教育の機会を奪い、お母さん自身の健康を損なう要因にもなる……なかなか想像できませんよね。

国連の上司や同僚の女性、また、国会議員やジャーナリストや活動家など、社会の変革を担っている女性たちと一緒に仕事をする機会がたくさんありました。その中には、とても大らかで、お洒落で、ユーモアに富む人がたくさんいました。「女子会」ならぬインフォーマルなパーティでは身の上話が始まることがあるのですが、本国で投獄《とうごく》されたり、拷問されたり、命からがら亡命したり、という壮絶な経験をしている女性もたくさんいました。ソフトな笑顔の背景には、たくさんの理不尽な経験があったのです。女性の人権のために闘うことがいかに過酷であるか、そしてそれを不屈《ふくつ》の精神で乗り越えている人たちが世界中にいることを知り、身が震える思いをしたことが何度もあります。

「女性も男性も、持って生まれた可能性を開花させ、自分で人生の選択肢を選びとりながら生きていける社会を創ること」。このビジョンを共有するたくさんの人たちに出会い、一緒に仕事をしたこと。それが私自身のライフワークの礎《いしずえ》であり、勇気の源です。今、日本では「グローバル人材の育成」が叫ばれています。でも、そもそも「グローバル」とは？　Globe（グローブ）は、地球という意味です。地球上に住む人々や環境の多様性と普遍性を理解し、身近な問題（ローカル）と同じように地球規模の問題にも関心を持てる人、世界のどんなところにいても自分の居場所を見つけ、自分の能力を活かしていける人が「グローバルな人」だと言えるのではないでしょうか。国連という職場、開発という仕事を通じて、そんなことを学びました。

尊敬できる上司や同僚と仕事をするのは刺激に溢れる毎日でしたが、二人の子どもを育てながら出張の多い生活をすることが段々と難しくなってきました。「子どもはあっという間に大きくなってしまうわよ……」。二人の子どもを抱えてキャリア人生を歩んできたエチオピア人の直属《ちょくぞく》の上司や、シングル・マザーとして娘を育てあげたクロアチア人の同僚をはじめ、たくさんの先輩ワーキング・マザーたちから何度も聞かされていたこともあり、いったん組織から離れ、子どもの成長にしっかりと向き合いたいなと思い始めていました。

そんな時に、日本に帰国するという選択肢が浮上しました。上司に相談したところ、「子どもたちを最優先に考えなさい。私の時代は国連でさえ、子連れで仕事を続けるのが大変だったの。40度の熱を出している娘を連れて会議に出たこともある。そこまでしないと認められなかったからよ。でも今は違う。子どもはすぐに大きくなってしまうけど、キャリアはどんな形でも続けられるのよ。ＵＮＤＰで得た知識と経験は日本でも必要とされるはずよ」と背中を押してくれました。こうしてＵＮＤＰを退職し、２００４年の11月に帰国しました。

第2章

幸福を実感できない理由

結婚＝退職は危険？

小学4年生の娘の友達がうちに遊びに来ると、何がおかしいのか、始終みんなで笑い転げています。そんな女の子たちを見ていると、私まで幸せな気分になります。そして、その昔、笑い転げる夢見る乙女の私と友人たちを見て、祖母が満面の笑みで「箸《はし》が転げてもおかしい、ってよく言ったもんだね」と言っていたことを思い出します。ガールズ・ブラボー！　すべての女の子に幸せな人生を送って欲しい！　と願わずにいられません。でも、「幸せ」って？？

数年前に、NHKで朝の連続テレビ小説『ゲゲゲの女房』が放送されました。漫画家の水木しげる氏を支える妻、武良布枝《むらぬのえ》さんの手記をベースにしたドラマです。

戦争で左腕を失いながらも漫画家になった水木さん。新婚生活は極貧状態で始まります。それでも、布枝さんは内助《ないじょ》の功《こう》に徹し、夫を支え続けます。その後、水木氏は『ゲゲゲの鬼太郎』を世に出し、漫画家として大成功をおさめます。そんなストーリーが就職活動で苦労している女子学生の心を摑んだようで、「女子大生や女子大学院生の専業主婦願望が高まっている」というニュースが流れました。苦労して就職し、髪を振り乱して仕事と家庭の両立に励むよりも、才能のある男性を見つけて結婚し、内助の功に徹する生き方……どうですか？　確かに夢があります。ところが、皆さんおわかりのように、「才能のある男性」を探し出すのはそう簡単なことではありません。「才能のありそうな男性」を見つけても、その人が成功するかどうか、さらに言うなら、成功し続けるかどうかは誰も予見できません。ほとんどギャンブルの世界です。

平成23年の20代後半（25〜29歳）の男性の平均年収[*5]は３６７万円、30代前半（30〜34歳）の平均年収は４３４万円だったそうです。「妻と子ども二人を養うには６０

0万円以上の年収が必要だ」とか「女性が結婚相手に求める年収は600万円」などと聞いたことがありますが、実際にそれだけの年収を得ている独身男性は数パーセントに過ぎないとか。現実は厳しそうです。今の時代、終身雇用で晩年まで面倒を見てくれるような太っ腹な会社もなかなかありません。グローバル化がさらに進展し、雇用の流動性が高まれば、なおさらです。どんなに「女子力」を磨いて永久就職（結婚）しても、永久就職先が倒産することだってあるのです。

というようなことを女子学生たちに言うと、例外なく、「えぇ〜〜〜っ!?」と驚きます。「女子力をつけて、よいダンナさんを見つけろとお母さんに言われたんですけど〜!」という反応に、今度は私が驚きます。学生たちのお母さんは、私より若干、年上。ということは、20代の時にバブル景気を経験している世代です。確かに、その時代の若い女性は、アッシー君（車で送迎してくれるボーイフレンド）、メッシー君（食事をご馳走《ちそう》してくれるボーイフレンド）、ミツグ君（プレゼントを貢いでくれるボーイフレンド）を使い分け、結婚相手には「三高」（高収入、高学歴、高身長）を選んでいる、と言われたバブル世代のど真ん中かもしれません。そんなお母さんたちには、「時代は変わったんですヨ！　そんな無責任なことを娘に教えちゃいけません!!」と詰め寄りたくなります。

一方、男子学生に「妻と子どもを一生、養っていく自信はある？」と聞くと、ほとんどの学生が「ムリムリムリ！」と即答。「専業主婦になりたいという女性とは結婚できませんよ。自分一人で家族を養っていくなんて、とても考えられない。一緒に働いて、一緒に家事・育児のイメージでないと、きつい……」と言います。確かに、それが現実的です。共に働き、共に家庭生活を営むカップルがこれからもっともっと増えるでしょう。そうでなければ家計だけではなく、日本の経済や社会保障がまわらなくなってくることがすでにわかっているのですから。

専業主婦ではいられない

２０１２年４月に、日本経済団体連合（経団連）のシンクタンク、経団連21世紀政策研究所が、「グローバルＪＡＰＡＮ：２０５０年シミュレーションと総合戦略」という報告書を発表しました。２０５０年に世界はどうなっているか、日本がどんな国になっているかをシミュレーションしたものです。「財政赤字、経済の停滞、社会保障費といった課題に加え、急速な少子化に伴う人口減少が、日本の経済と社会に大きな影響をもたらすだろう、このままだと先進国の地位から転落しかねない」と、かなり悲観的な予測をしています。報告書の未来予測の主なポイントは以下の通りです。

○人口減少の本格化により、ＧＤＰ（国内総生産）は２０３０年代以降恒常的にマイナス成長の恐れ
○２０５０年に一人当たりＧＤＰは韓国に抜かれる（１位ルクセンブルク、２位シンガポール、５位米国、14位韓国、18位日本）
○中国を含むアジアの世紀の到来
○ＩＴとグローバリゼーションは、さらに進展・深化する

しかし、悲観的予測はあくまでも「何も対策を取らなかった場合」であり、それを回避するための具体的な対応策を提言しています。最初に掲げられているのが、女性の活用です。

（参考：経団連21世紀政策研究所「グローバルＪＡＰＡＮ：２０５０年シミュレーションと総合戦略」42ページより抜粋）

「女性と高齢者の労働参加、生涯を通した人材力強化を促進せよ

女性の労働供給率の年齢別推移をみると、日本は典型的なM字型になっており、30～40代の労働力率が諸外国と比較しても低くなっている。育児、介護などでキャリアが断絶すれば、そこで人材力向上もストップしてしまう。正社員であったとしても、再就職する場合、正社員での復帰は難しくなることが多く、それがその後の能力開発機会を狭めてしまうという問題がある。こうした離職を少なくし、オランダ、ひいては、北欧諸国の水準まで30、40代の女性の労働力率を高めることができれば、少子高齢化によるマクロ経済への悪影響（人口オーナス効果）をかなり相殺することができる。そのためには、まず、オランダのように雇用者の希望で短時間とフルタイムをライフサイクルなどの事情に合わせて柔軟に選択できる仕組み（短時間正社員の活用）を導入する必要がある。また、保育所、保育ママなどの子育て支援サービスの徹底した充実、女性のみならず男性が育児・介護休業を取りやすい環境（休業時の所得補償拡大等）を整備すべきであり、将来的には北欧の環境に近づけていく努力が必要である。そのためには、政府や自治体が主体的に制度変更に取り組むべきである」

いかがでしょうか？　女性の能力を活かせるかどうかが、これからの日本の生命線だというのです。ピンときますか？　北欧諸国といえば、国会議員に占める女性の割合も、企業の取締役に占める割合も40パーセント台。政治でも経済でも女性が大活躍しています。「北欧諸国はもともと男女平等の文化があるからだよ」という声は私もよく聞きますが、単に文化的な問題だけなのでしょうか？

産業革命以降、北欧諸国も、他の工業国と同じように「男性＝稼ぎ手、女性＝家事・育児労働」という性別役割分業が一般的でした。ところが、１９６０年代に、まさにグローバルＪＡＰＡＮのようなシミュレーションを政府が行った時に、「これから起こるであろう産業構造の変化（＝重工業や生産業のような労働集約型の産業から、サービスや情報のような知的集約型の産業への移行）や、人口動態《じんこうどうたい》（年齢層などによる人口分布の動き）を考慮すると、男性と女性がともに働き、納税する完全雇用社会、子どもを産み育てやすい社会の構築が急務」という結論に達します。

それまでは男性が働き、女性は専業主婦として家事・育児に従事していた北欧諸国では、安心して子どもを預けることができるように保育所をたくさん作り、育児休業も拡充して男性も女性も育児をしながら働けるようなシステムを、時間をかけて作っていったのです。保育所や介護サービスを充実させるということは、そこで雇用も生まれます。皆が働いて納税し、そのお金を保育所や介護サービスなどに充てる、というような循環型の社会です。

北欧諸国がいうジェンダー平等とは「性別にかかわらず、すべての市民が他者に依存することなく、それぞれ生計を立てることが可能な状態」です。つまり、男性も女性も経済的に自立することです。現在も、男性と女性が共に経済的に自立するための環境を整備するために、公的予算をしっかりと分配するという仕組み・枠組みづくりが政府によって行われています。こうして、子育て中の男女が無理をせずに働き続けられる環境が創出されているのです。北欧諸国のジェンダー平等は、元々の文化によるものではなく、大きな政策転換と公的な仕組み作り、そして市民の自覚・努力によって実現しているのです。

日本でも、「女性の活用」を掲げるのであれば、女性のがんばり（＝仕事に加えて、家事・育児も、という過剰な労働）だけに期待するのではなく、必要な制度・仕組みを公的に整えていかなければなりません。「世界経済フォーラム」[*6]のグローバル・ジェンダー・ギャップ（男女格差）報告書の提言は、「女性が働きながら、子育てができるような公的システムを整えること」です。

しかし、残念ながら、日本は他の先進国に比べて、子育て関連予算や教育関連の公的支出（とくに小学校に入る前の教育、つまり幼稚園や保育園）が圧倒的に少なく、その代わりに私的支出（家庭が支払う教育費）がとても大きいのです。

２００８年のリーマンショック以降、世界経済は低迷していますが、それでも多くの先進国が子ども・教育関連支出を増やしています。国の人的資本への投資になるからです。他方、日本では、女性の活用は「女性のさらなるがんばり」の上に成り立っている状態です。疲弊して仕事を辞めるワーキング・マザーが多いのも、キャリアを積んでいる女性が子どもを産まないのも当然のことだと思います。

「国の経済力を維持するために子どもを産み、育てるべし」では本末転倒ですが、「産みやすく、育てやすい社会」とは、言い換えれば「誰もが生きやすい社会」でもあります。日本が経済を再生させたいというのなら、他国の取り組みの例も参考にしながら、公共政策や公共投資をしていかなければならないと思います。

働きたい女性に冷たい日本

「日本の男女平等指数はずいぶん低いのね」。ジェンダー・チームに入って間もなく、トリニダード・トバゴ人の上司から投げかけられた言葉です。ＵＮＤＰの人間開発報告書は、１９９０年の創刊以来、データのある国連加盟国すべてについてＨＤＩ（人間開発指数）の観点から開発の進展度のランキングを発表しています。日本は毎年10位前後。上位です。ところが、同時に発表されるGender Empowerment Measure（ＧＥＭ）、ジェンダーエンパワーメント指数になると、順位はガクンと下がって57位（２００９年現在）。当然、先進国では最低レベルです。しかも、ＨＤＩとＧＥＭの間にこれだけの開きがある国は、とても珍しいのです。

ＧＥＭは、「女性がどれだけ政治や経済で意思決定に参画しているか」を、国会議員や企業・行政の専門職や管理職以上の意思決定ポジションに占める女性の割合をベースにはじき出しています。つまり、私の上司がため息をつきながら私に伝えたかったことは、「日本には健康で、高い教育を受けた女性がたくさんいるのに、社会の仕組みづくりにかかわる意思決定ポジションやリーダーシップ・ポジションに就く女性がどうしてこんなに少ないのかしら？」ということだったのでしょう。

ＵＮＤＰのＧＥＭは２００９年を最後に使われなくなったのですが、２００６年からは「世界経済フォーラム」がグローバル・ジェンダー・ギャップ報告書を発表するようになり、その中でジェンダー平等ランキングを発表するようになりました。国連がジェンダー平等を問題にするのは、「人権の観点」からです。一方、ビジネス・ピープルが中心の世界経済フォーラムの関心は「経済と社会の持続的な成長・発展」。つまり、どうやら彼らは「ジェンダー平等の進展度」と「経済成長」には相関関係があると見ているようなのです。２０１２年のランキングでは日本は

135ヵ国中101位。前年の98位から後退しました。先進国では最低レベルです。どのような指標から見ているかというと、

①健康
②教育
③経済への参画
④政治への参画

です。

日本のデータからわかるのは、

①女性の方が長寿[*7]
②高等学校までは男女間の格差はなし。高等教育（大学以上）で女子の割合が減る

③一〇〇人以上の民間企業の女性管理職（部長相当職）は4・9％（２００９年現在）
④国会議員の83％が男性（２０１３年現在）

つまり、日本には健康で基礎教育を受けた女性がたくさんいるのに、女性の政治・経済分野での参画の度合いが極端に少ないということがわかります。管理職の少なさからは、優秀な女性がどこかのタイミングでキャリアを中断していることがわかります。内閣府男女共同参画局の資料（73ページ参照）には、愕然《がくぜん》とするようなデータが出ています。

もちろん、子育てや家庭生活を優先させるという選択肢はあります。しかし、パートナーと協力しながら、二人で家庭と仕事を両立させられるような環境さえあれば、キャリアを中断せずに働き続け、日本の経済や社会に貢献できる女性ももっといるはずです。

私にとって、ジェンダー平等とはあくまでも「男性でも女性でも、一人ひとりが持って生まれた可能性を伸ばし、充実した人生を送るための環境」であり、「経済成長の手段」ではありません。しかしながら、世界のビジネス・リーダーが集う世界経済フォーラムが「ジェンダー平等」に注目しているということは、今や、ジェンダー平等の進展度が「国際競争力の条件」として捉えられていることの証《あかし》です。確かに男性と女性が性別に関係なく、持っている力を発揮できる国の方が生産性や競争力が高いというのは説得力があります。

左ページの内閣府統計資料に、「57・3パーセント」と思わず目を疑うパーセンテージを見つけました。よく見ると、「国際機関の専門職以上の邦人職員に占める女性の割合」。さもありなん。自分のポテンシャルを最大限に活かしたいと願う女性が、国際機関や海外の職場に活路《かつろ》を見出そうとするのは私の実体験からもよくわかります。私が卒業したコロンビア大学の大学院には、日本からの留学生がたくさんいました。ところが、同じ日本人でも、男性と女性の間には明確な違いがありました。男性のほとんどが、省庁や企業から派遣されてきた留学生。女性のほとんどが、会社を辞めて、奨学金や貯金で学費を払っている私費留学生でした。卒業後は、男性は日本の所属先に戻り、女性は国際機関、グローバル企業、アメリカの民間企業などに就職していました。国連でも、難民キャンプも含め、フィールドの最前線にはたくさんの日本人女性が活躍していました。多くの女性たちが日本で働いた経験を振り返り、「このまま同じ組織にいても、自分のポテンシャルを最大限に活かすことができないと思った」と言うのです。

各分野における「指導的地位」に女性が占める割合

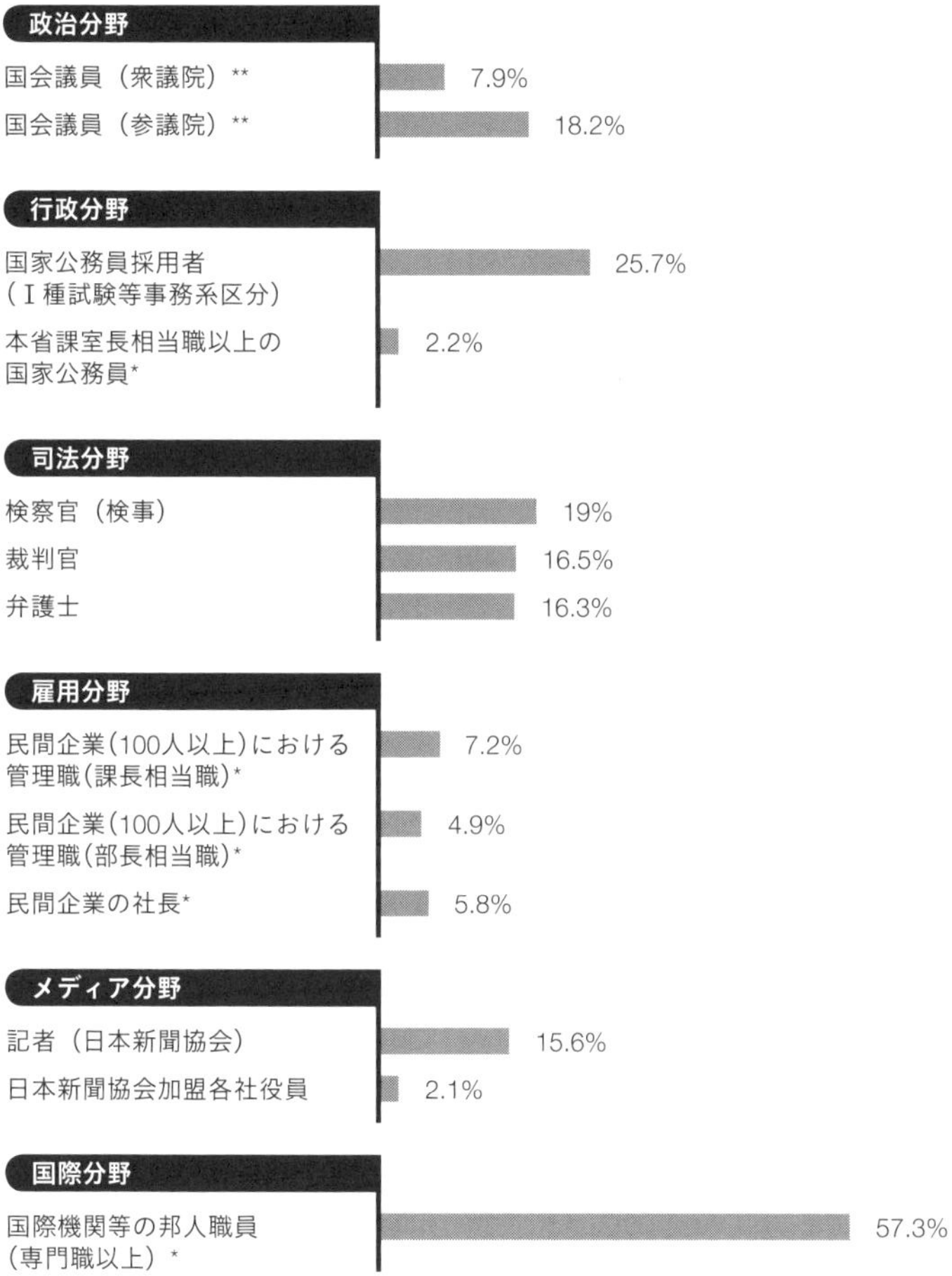

出典：内閣府男女参画局「男女共同参画社会の形成の状況」
【備考】原則として平成22年のデータ。ただし*は平成21年、**は平成25年のデータ。

海外に出る日本の女性は、適応力《てきおうりょく》とガッツに溢れています。国連でも、難民キャンプや紛争地帯など、最前線で日本人の女性たちが活躍していました。トリニダード・トバゴ人の上司がGEMを見るにつけ漏らしていた、「日本は人材を無駄にしているのねぇ」という、ため息交じりの言葉が今も耳に残っています。

第3章
これからの時代に必要なこと

主体的に生きる

　日本が厳しい局面に差しかかっていることに、もはや疑いの余地はありません。日本の経済が右肩上がりだった私の青春時代には、人生の方程式も単純明快でした。大学を卒業し、就職し、結婚し、マイホームや車を購入し、子どもを二人持ち、会社を勤めあげて60歳で退職、その後は悠々自適の年金生活。女性は、そのようなシナリオを歩む男性と結婚し、家事・育児・介護などを担当し、一生経済的な心配をせずに生きる。ところが今は、グローバル化と少子高齢化が急速に進む中、「こうすれば幸せ」「こうすれば人生うまくいく」という万人向けの処方箋はありません。

そんな時代に、自分の娘にはとても「モテ力《りょく》を磨いて、よいダンナさんをゲットするのよ！」と勧めることはできません。数ある選択肢から何を選ぶかを含め、娘の人生を生きるのは娘自身です。誰だって、人生は山あり谷あり。誰かに依存することなく、自分で舵《かじ》を取りながら生きていって欲しいと思います。だから、私が娘に伝えたいのは、「主体的に生きていってネ！」それだけです。

主体的に生きること。そのために必要なのは、

①自分を大切に思うこと
②自分を知ること
③自分で意思決定できるようにすること
④「事実」なのか「意見」なのかを区別すること
⑤「納得」できる選択をすること

だと思います。

情報に流されず、自分の頭で考え、自分で納得できる決断をくだすのは簡単なことではありません。とくに、「親や先生の言うことをきくこと」「和を乱さず、空気を読むこと」を求められるような環境で育った人にとっては、かなりハードルが高いと思います。私自身、高校でアメリカに留学した時に一番苦労したのが、「自分で決めること」です。大きな決断ではなく、日常生活の中での小さな決断です。たとえば昼食。「サンドイッチは何がいい？　パンの種類は？　具は？　付け合わせは？」とホストマザーに聞かれます。「なんでもいいです」と答えると、まじめな顔で、「なんでもいいなんて答えはないのよ。あなたが何を食べたいのか、あなたが一番よくわかっているでしょ。あなたが決めることなのよ」と言われます。「たかが昼食のサンドイッチじゃん……本当になんでもいいのに……」と思いましたが、何につけても、「あなたはどうしたいの？　あなたは何が欲しいの？」と問われるのです。

「なんでもいい」という態度は、自分で考え、自分で選択するのを放棄している、つまり自分の行動に責任をとろうとしない人間だと捉えられてしまいます。日本のような「言葉に出さなくていい」「相手や周囲に合わせた方がいい」という文化で育った人間にとっては、しんどいことです。ただ、確かに、自分で考え、選択したからこそ、その結果を自分で引き受けられるのだと思います。もし、間違った選択をしてしまったなと思うのなら、それも一つの教訓になります。試行錯誤しながら自分の選択を積み重ねることが、自分だけの人生を生きるということなのではないでしょうか。

たった一度の人生です。主体的に、自分らしく生きてみてはどうでしょうか？そして、最期の瞬間に「いろいろあったけど、面白い人生だったな」と思いたいものです。

① 自分を大切に思うこと

主体的に生きる＝あなた自身が主役として、自分の人生を生きることです。生きていれば誰でも、つらい出来事、心を傷つけられるような出来事に遭遇するものです。一時的には落ち込んだり、自暴自棄になるかもしれません。それでも、もう一度立ち上がって歩むチカラになるのは「自分を大切に思う気持ち」です。児童婚や性的暴力などの経験を乗り越え、（そんなことが放置されている）世界を変えたい！と立ち上がった途上国の女の子たちを奮い立たせたのも、「自分を大切に思う気持ち」でした。

今、あなたがこの本を手に取り、読んでいるということは、生まれてから今日まで、たくさんの人たちの愛情やケアを受けて育ってきたことの証《あかし》です。赤ちゃんは抱っこされなければ生きていけませんし、生後数年間、大人に世話してもらわなければ生きられません。記憶に残っていないだけで、親やたくさんの大人が手間をかけてきたのです。それ以前に、あなたが無事に生まれてきたということは、お腹の中でしっかりと生まれるための準備をして、その準備が整った合図をお母さんに送って、産道《さんどう》をとおって生まれてきた証です。2度の出産で実感したのですが、出産は生まれてこようとする赤ちゃんとお母さんの共同作業です。「私が産むんだ」と思っていましたが、とんでもありません。赤ちゃんは自分が生まれてくるタイミングを図り、準備が整ったところでサインを送ってくれます。そこから、陣痛《じんつう》に合わせて、少しずつ産道をとおり、生まれてくるのです。その赤ちゃん自身のチカラに心から感動しました。あなたもそのようにして生まれてきました。だから、あなた自身が地球上にたった一人の大切な存在です。

今、ここに自分が存在しているだけですごい！　と素直に思える人もいれば、そうでない人もいると思います。親や周囲の大人の愛情を感じることができた人と、感じられるような境遇になかった人がいるからです。あなたがもし、自分の価値に自信を持てないのであれば、過酷な境遇を乗り越えてきた女の子や女性たちの声や、そういった人たちの人生を描いた文学作品や映画に触れて欲しいなと思います。どんな境遇に生まれ育ったとしても、一人ひとりが尊厳のある唯一無二《ゆいいつむに》の存在だということ。いつかそう心から感じられる瞬間が来ることを知って欲しいのです。

② 自分を知ること

「自分を知る」。これは永遠のテーマです。一生のテーマと言ってもいいかもしれません。だからこそ、大きな決断をする時、他人の目や意見が気になってぶれそうになる時に、自分と向き合い、対話する時間が必要になります。「私って一体誰？何のために生きているの？」と最初に意識するのは思春期でしょうか？　思春期は身体が大人に変わっていく時期であると同時に、「自己（アイデンティティ）」を確立する大切な時期です。それまでは親と一心同体だった子どもが、自分自身の価値観を育み、一人の自立した人間になるためのプロセスです。

私の息子はインターナショナル・スクールに通っているのですが、中学校でのカリキュラムは「思春期仕様」になっていました。たとえば、英語の授業で読む文学作品のほとんどが、いわゆる「思春期の葛藤」をテーマにしたもの。「一体自分は誰なんだ?」という葛藤は、洋の東西を問わず、永遠のテーマです。シェイクスピアの『ロミオとジュリエット』、ジョン・スタインベックの『ハツカネズミと人間』、ルイス・サッカーの『穴～Holes～』といった、主人公が自分のアイデンティティと、それを確立するにあたって立ちはだかる壁や家族・他者とのしがらみを描いた作品を読み込みます。そして登場人物の境遇と、自分自身の境遇、そして心情との共通点や相違点を洗い出していくという作業を繰り返していました。それはまさに、自分との対話でもあったのではないでしょうか。

また、ある授業では、性格診断テストをして、自分のパーソナリティの傾向を分析していました。さらには、診断テストの結果をクラスメートと共有し、クラスメートそれぞれの長所や尊敬するところを発表し合うというプロジェクトも行っていたようです。中学生・高校生になると、親とは距離を置きたくなります。一方、友達との関係は大切で、友達にどう思われているかが一大事になります。そんな時期に、客観的なデータも使いながら、自分や友達のよいところを発見し、共有し、評価し合う。そして、人それぞれ多様だということを知り、だからこそ豊かな社会が築けることに気付き、自分と他者のパーソナリティを尊重する姿勢を育むことはとても大切なことだなと思いました。

この本を執筆している今、息子はアメリカの大学受験の真っ最中です。アメリカの大学に進学する時に受験で問われるのは学力だけではありません。「あなたは誰か？　どういう人間か？　社会とどう関わって生きていきたいと考えているか？」という価値観や世界観も問われます。正しい答えはありません。あなたの考えを説得力のある形で表明することが求められるのです。学校の成績と共通学力試験の結果と推薦状に加え、合否《ごうひ》を左右する重要な材料となるのが「パーソナル・エッセイ」（小論文）です。

Q あなたがこれまでに成し遂げたこと、リスクをとった経験、もしくは直面した倫理的なジレンマは何ですか？　その経験はあなたにどのようなインパクトを与えましたか？

Q あなたに大きな影響を与えた人物は誰ですか？　その影響がどんなものか、説明してください。

Q 個人レベル、地元コミュニティレベル、国レベル、国際レベルのいずれかの問題で、今のあなたにとって重要なイシュー（問題）は何ですか？　あなた自身へのインパクトも含めて論じてください。

Q フィクションの登場人物、歴史上の人物、創造的な領域（芸術、音楽など）に描かれた人物であなたに最も影響を及ぼしたのはどの人物ですか？　その影響はどのようなものですか？

Q あなたの個人的な背景を踏まえ、あなたが大学コミュニティにどのような「多様性」をもたらすことができるかを端的《たんてき》に表すようなこれまでの経験、もしくは、あなたが「多様性」の重要性を感じることとなったこれまでの経験を論じてください。

といった〝お題〟が与えられます。これまで生きてきた時間を振り返り、今の自分をよく見つめ、さらにはこれからの自分像を描く作業です。もちろん、正しい答えはありません。「皆がそう言っているから」「自分の偏差値に合うのがこの学部だから」といった他人任せの価値観や理由づけではなく、自分自身との深い対話が必要になってくるのです。

若い時は友達との関係がとても大切だし、友達にどう思われるかで自己評価も自己イメージも左右されます。でも、人間には一人の時間も大切です。折に触れ、雑音には邪魔されずに、静かに自分と対話できるようにしておくことが大切だと思います。ぜひ、たくさんの文学作品や映画に出会い、いろいろな境遇や人生を疑似体《ぎじたい》験《けん》する機会を持ってください。自分の実体験には限りがありますが、優れた文学作品や映画は「人間が生きるとはどういうことか」を描き出しています。「もし、自分が主人公の立場だったらどうするか？」を想像してみてください。そうすることによって、人の立場に立ってものを見られるようになるし、自分と似た境遇を題材にした作品であれば、自分自身の経験や考え方を客観視できるようになります。

③自分で意思決定できるようにすること

進学、就職、結婚、出産。人生のあらゆる場面で、私たちは大きな選択を迫られます。日本に住んでいると、選択肢が多い分、どういう道を進めばよいのか迷ってしまうことがあります。そうすると、他の人がどんな選択をしているかが気になるし、自分の選択が他の人の目にどう映るかも気になるものです。流されるままに、人が敷いたレールの上を歩んだり、「一般的によいとされている」道を歩んだ場合、順調な時はよいのですが、問題が起こった時に「あの人の言う通りにしてしまったから」「こんなはずじゃなかった」と後悔するものです。最初から自分の責任で物事を決めた方が、たとえ問題が起こったとしても、比較的早く立ち直り、次の選択肢を考えることができます。

自分で選択する時に助けになるのが「クリティカル・シンキング」です。直訳すると「批判的思考《ひはんてきしこう》」。ちょっと攻撃的で否定的な響きがありますね。長年、大学で英語とクリティカル・シンキングをベースに学生の「考える力」を育んできた狩野《かの》みきさんは、「クリティカル・シンキングとは本来、『注意深く考え、注意深く判断する』という意味なんですよ」と教えてくれました。つまり、一つのことを多角的な視点・客観的な視点から、論理的に考え、判断するということです。狩野さんによると、この思考法は自然に身につくものではなく、心構えと練習が必要なのだそうです。

クリティカル・シンキングの最初の一歩は、自分を客観視すること。

「たとえば卒論のテーマ選び。まずは『自分は何が好きなのか、とことん考えてみるように』と指導しますが、それがとても大変な作業なんです。『なぜ、それが好きなの？』と根拠を突き詰めていくと、最初に挙げた理由は単なる後付けや思い込みで、じつはそれが親からの刷り込みだったり、見栄だったりということがわかってきます。自分が自分についている嘘や、自分の嫌なところが見えてしまうので、やり遂げるには相当な覚悟と体力がいるんですよ」と狩野さん。ただし、数ヵ月かけて考え抜き、自分の好きなものを見つけた学生は、自信に満ちあふれた表情を見せるようになるそうです。「自分の弱さを知り、受け止めることが大切なんです。こんな弱点と付き合っていかなきゃいけないんだなと自分のことを客観視できるようになれば、選択するたびに、もう一人の自分が『それって見栄なんじゃないの？でも、少しは見栄を満足させてあげないとね』『それってお母さんを喜ばせたいだけじゃないの？』と囁《ささや》いてくれるようになるんですよ」と狩野さん。クリティカル・シンキングの最も重要な第一歩は、「もう一人の自分の声」＝「客観的視点」を身につけることだと言えます。

④「事実」と「意見」を区別すること

「日本人は、『事実』と『意見』を混同しがちです。『就職するなら、航空会社がいいよ』というアドバイスを受けるとしましょう。それは、『事実』でしょうか？『意見』でしょうか？　それを区別し、『意見』であればそれが何を根拠にした考えなのかを明らかにする。そのプロセスを経て初めてあなたの選択の判断材料にすることができます」と狩野さん。

「事実」とは、視覚・聴覚・客観的なデータなど何らかの形で証拠を示せること。

「意見」とは、その人の経験や視点に基づいた一つの解釈。

と定義づけられるそうです。

「意見」には根拠・裏付けが必要です。逆に、納得できる根拠や裏付けのない意見は、真に受けなくてもいいということになります。

「あなた自身も自分の選択や意見に対して、つねに『根拠』を示すことです。他者を説得することを念頭において根拠を導き出してみましょう。突き詰めていくと、最終的には自分の人生の目的が何かがわかるようになります」と狩野さんは言います。今とろうとしている手段は、人生の目的を達成するという点で理にかなっているのか、いないのかを見極めるようになります。たとえば、親の反対を押し切って、別のことをしたい場合。どれだけ説得力のある根拠を示せますか？　私はどちらかというと直感型なので耳が痛いのですが、「自分を客観視する力」が逆境を乗り越える時に大きな力を発揮してくれることは体験済みです。

⑤「納得」できる選択をすること

日本の女性は、失敗した時に自分のことを過剰に責める傾向があると狩野さんは言います。『『自分が悪かった……浅はかだった』という葛藤から脱出して、次に進むのに、ものすごくエネルギーと時間を費やしてしまうのです。リカバリーに労力をかけるのであれば、事前にとことん考え抜いたうえで決断し、結果的にそれがうまくいかなくても『あれだけ考えて決めたことなのだから、仕方ない』と思った方が建設的ですよ」と指摘します。そして、「どんな選択であれ、自分が納得できる『裏付け』があれば、後悔することはありません。誰かのアドバイスに従うにしても、『なぜ、自分がその人のアドバイスに従うのか？』ということを突き詰め、その『根拠』に自分で納得できるのであればいいと思います」と狩野さんは言います。

確かに、なかなか大変そうな作業ですね。でも、自分を客観視し、自分の選択を裏付ける根拠が示せるようになると、たくさんのいいことがあります。

たとえば、

○自分自身のことが理解できるようになる
○自分が人生で何を大事にしているかがわかるようになり、優先順位をつけられるようになる

○自分を大切にできるようになる
○他者を理解するために必要な「想像力」を身につけることができる

　自分を大切にする＝利己主義という刷り込みがありますが、自分にとって大事なことが何かがわかれば、周囲の期待に応えようとして、やみくもにがんばらずにすむようになります。

　また、あなたの希望を伝えられるようになれば周囲の人たちのサポートも得やすくなります。

「クリティカル・シンキングは、『他の人と関わり合って生きていることを実感する』『できるだけ自分をハッピーな状態に持っていく』ための手段だと思います」と狩野さん。

　クリティカル・シンキングは、自転車の乗り方とは違って、いったん身につけても、日々続けていないと錆《さ》びてしまうスキルだといいます。確かに私もアメリカに住んでいた時は、つねにクリティカル・シンキング・モードだったような気がしますが、日本で長く生活していると、あまり考えずに日常生活を送れてしまうなぁと感じます。

では、クリティカル・シンキングを習慣づけるためにどんなことをしたらいいのでしょう？　狩野さんに「明日からできる」実践法を教わりました。

クリティカル・シンキングを習慣にする

実践1　自分の気持ちを「言語化」してみる

日本では、家族や仲間の間では「言わずもがな」の前提で生きているので、自分の気持ちや自分の意見を言語化する習慣が、あまりありません。そこで、自分の「選択」や「決断」や「意見」の「根拠」を言語化する癖をつけてみましょう。「なぜ、この彼氏とつきあっているの？」「なぜ、このテレビ番組が好きなの？」「なぜ、この先生が苦手なの？」など、「感覚」で片づけるのではなく、「根拠」をあえて言語化するという作業です。狩野さんは「この癖をつけておくと、落ち込んだ時や人間関係で悩んだ時にも応用できますよ。たとえば、会話の中で『この人は私を責めているのかな？』と思った時に、『なぜ、この人は私を責めていると思うのか？　その根拠は？』と突き詰めて考えていくと、客観的な視点で理由や解決法が見えてくるものです」と提案します。

実践２「意見」の根拠を吟味する

「事実」とは、何らかの形で証拠を示せること。「意見」とは、その人の経験や視点に基づいた一つの解釈です。あなたが選択をする時に判断材料にしようとしているのが「事実」なのか「意見」なのかを見極めることが大切だと狩野さんは言います。親や先生や友人に何かを相談した時に返ってくる答えが「事実」に基づいているのか、それとも「意見」なのかをまず自分の中でクリアにすること。そして、その「意見」は何を根拠にしているのか、納得できるものなのかを吟味《ぎんみ》してみます。

論理的に納得する理由は考えつかないけれど、その「意見」を全面的に受け入れたいと感じるのであれば、「なぜこの人のアドバイスに魅《ひ》かれるのか？」と問いかけてみる。「言うことを聞かないと、後がこわいから？」「尊敬する人だから？」。意見はつねに「根拠」を伴っていなければなりません。周囲の人の「意見」が根拠のあるものなのか、そうでないのかを見極めれば、どの意見に価値があるのかがわかるようになります。

実践3　自問自答してみる

自分が導き出した「結論」に対し、意地悪な目線で「ホントにそうなの?」「その結論を裏付ける根拠は本当に正しいの?」と聞いてみる。私たちは、結論ありきで、後から正当化するために理由づけを考える傾向があると狩野さんは指摘します。そこであえて「ホントにそうなの?」と問いかけることが大切だと言います。「あなた」と斜《しゃ》に構える「もう一人のあなた」の間で「疑似議論」を戦わせてみてください。「ふたりの自分を登場させ、お互いに反論させることで、あらゆる角度から客観的な検討をすることができます。最終的に納得できる結論にたどり着くころには一人に戻るというプロセスです」と狩野さん。いったん自分を突き放してみることで視野が一気に広がります。その癖を常日頃からつけておくのが大切なのだそうです。

実践4　非言語の部分も鍛える

「根拠」から「結論」にいたるまでの間に、誰にでも口には出さない「前提」があります。「その『言語化されない前提』を掘り起こすのがクリティカル・シンキングです。相手の言い分（根拠→結論の流れ）がよく理解できない場合、その人の立場に立ってよく考えてみると無意識のうちに省略されている『前提』が見えてきます。相手の言い分を言語化されていない部分も含めて理解する。そのためには想像力を使わなければなりません。相手のあげ足をとるのではなく、相手のことを注意深く見て、理解しようと努力する。つまりクリティカル・シンキングは単なる『論理的な思考能力』ではなく、じつはコミュニケーションの一つのあり方なんですよ」と狩野さんは言います。このアプローチを自分に応用すると、「自分とのコミュニケーション」です。自分が無意識のうちに持っている「前提」を一つひとつ掘り起こす。それがまさに自分を理解するということでしょう。

たとえば、人生で重要な選択（大学での専攻科目、進学先、職種、就職先など）をする時。自分の選択の根拠や裏付け部分を明確にし、意識します。

A. 目の前にある「答え」で満足しない
B. 選択肢を書き出してみる
C. 選択肢を検討してみる
D. 選択肢を集約する（一つの答えを導きだす）
E. 自分にとって何が大事かを意識すること。優先順位を明確にする

たとえば、「○×大学の△学部で勉強したい」と漠然と思ったとします。

A. それは「なぜか?」。理由をたくさん書き出してみます。そして、一つひとつの理由について、さらに「その根拠は?」と突き詰めてみます。それを繰り返すと、いろいろなことが見えてきます。

B. 「○×大学の△学部で勉強すること」の短期的なメリットとデメリット、長期的なメリットとデメリットを書き出してみましょう。その作業をしっかりとやるためには、いろいろとリサーチも必要になってくるでしょう。

C.他の選択肢を書き出してみる。なぜ自分が○×大学△学部で勉強したいのか？　ということを突き詰めて考えると、あなたが「何を勉強したいのか？　どうしてそれを勉強したいのか？　それがあなたの人生の目的にどう結びついているのか？」が見えてくるはずです。そうすると、他の選択肢を思い描くこともできるようになります。ここでもリサーチが必要になってきます。

D.A～Cを一覧表にすると具体的なビジョンが描けるようになります。

E.自分の中で優先順位を整理しながら、選択肢をよく検討し、最終的な答えを導き出します。

あくまでも、あなた自身の限られた見聞や経験の中で導き出された答えではありますが、そこまで自分の頭で考え抜いたゆえの結論であれば、後悔はしません。そして、もう一つメリットがあります。それは、ここまで考えをまとめておくと、人に相談したときに良いアドバイスをもらえるということです。

私も「どうすれば国連職員になれますか？」という質問をよくいただきます。それが自分の息子や娘なら、「顔を洗って出直して来なさい！」と一喝《いっかつ》するところです。「まずは自分で調べ、自分の考えをまとめ、私にだからこそききたい質問をちゃんと考えていらっしゃい！」という意味です。外務省国際機関人事センター、国連広報センターのＨＰにはいろいろな情報が出ています。国連本部や各国連機関のＨＰにも必ず「採用」のコーナーがあり、そこを見れば、どんな職があり、何が求められているのかがよくわかります。国連で働きたいという気持ちがあるのなら、英語で情報収集するくらいの気概が必要です。

自分の考えをまとめたうえで、「私は将来、○×の分野で仕事をしたい。その理由は△△です。その選択肢の一つとして、国連という職場があると考えています。何かアドバイスをいただけますか？」という質問であれば、私自身の経験に基づいてアドバイスができるし、希望の分野で専門的な知見や経験のある知人に橋渡しをすることもできるのです。

最近私が国際協力や国連に関心のある学生に勧めているのは、ユニセフを中心に国連機関に36年間勤務し、国連人口基金（UNFPA）の事務局次長を務められた後にリタイアされ、現在は大学で教鞭《きょうべん》をとられている和氣邦夫《わきくにお》さんの『ユニセフの現場から』（白水社）という本です。世界にどんな開発課題や人権問題があるのか、国連はどのようなアプローチでそれらの問題に対応しようとしているのか、さらにはアジアやアフリカなど世界各地のユニセフ事務所に勤務する中で培ったマネジメント、コミュニケーション、リーダーシップなどの能力について、ご自身の経験を惜しみなく紹介されています。とても臨場感《りんじょうかん》のある一冊です。

もし、まだ「選択肢」が漠然としているようなら、たとえば「自分が何に向いているのかわからないけど、国際協力に関わってみたいのです。どうすればいいですか？」と、解《かい》を求める質問をぶつけるのではなく、相手の経験を聞き出すような質問をぶつける、つまりインタビュアーに徹するという手もあります。その時には、質問したいことのリストをしっかりと作ってみましょう。

ちゃんと自分で準備をしてきた人には、私に限らず、誰でも親身になって相談にのってくれると思います。経験者の話を聴くことで、あなた自身の選択肢や視野がさらに広がり、将来に向けたドアが開かれる可能性だって高まります。そのための準備として、「クリティカル・シンキング」、自分のことを客観視し、自分の頭で考える習慣をぜひ身につけてください。ただ、どんなに論理的に考えても、やはり「直感」や「感情」が勝る時もあります。そういう時は、いろいろ考えリスクもわかったうえでの結論ですから、思いきって「直感」「感情」に従えばいいと思います。私も「直感」に従った決断で、思いがけない出会いや道につながった経験がいくつもあります！

もっと詳しく知りたい場合は

・『考え抜くための教科書』（仮 出版予定）狩野みき著（日本実業出版社）
・『クリティカル・シンキング入門』アレク・フィッシャー著（ナカニシヤ出版）
・『クリティカル進化論』道田泰司、宮元博章著（北大路書房）
・『ユニセフの現場から』和氣邦夫著（白水社）

第4章

幸福になるための5つの条件

「人間開発」の4つの要素は、「健康」「教育」「経済力」「政治や社会への参画」だと説明しました。これに私なりの要素をプラスして、女性が「幸福になるための5つの条件」を紹介しましょう。

条件1 健康に生きる

あなたの心と身体は、あなたのもの

厚生労働省によると、2011年の日本人の平均寿命は女性が85・9歳、男性が79・4歳です。若い時は、数年先のことまでしか視野に入ってきませんが、「長い目で見る」ということを知っておいて損はありません。キャリアのことも、結婚、妊娠・出産といったライフのことも、近視眼的《きんしがんてき》になるのではなく、「人生」というタイムスパンの中で考えることが時には必要だと思います。産む、産まないは個人

の選択ですが、生涯を通じて日々の心と身体を健やかに保つためにも、「女性の健康」や「ホルモンの働き」の知識はきっとあなたの助けになると思います。

①性と生殖のことをまずはよく知り、そして大切にする

日本の女性の平均寿命は世界最長なので、健康に関しては100点満点に近いと言いたいところですが、残念ながら大きな弱点があります。それは、女性が手綱《たづな》を握って自分の人生を生きていくうえで必要不可欠な「リプロダクティブ・ヘルス＆ライツ（性と生殖に関する健康や権利）」のことを学ぶ機会が少ないということです。小学校高学年の時に学校で、「月経」のメカニズムを学んだと思います。でも、

○どうしたら月経と、その先の妊娠・出産を楽しく素晴らしい経験にできるか、ということについて知っていますか？

○将来、好きな時に好きな人の子どもを産めるようにするためには、どんなこと

に気をつけておけばいいのか知っていますか？

○将来、自分が強く明るく幸せに毎日を過ごすために必要なこと、家族の意味について、知っていますか？

女の子が自分の身体の仕組みをよく知り、自分の身体を大切にすること。自分の身体や性を自分でコントロールすること。それは、女性が主体的に生きるための必須条件です。その権利自体が奪われている国や地域もありますが、日本はそうではありません。女性には選択肢があります。ところが、キャリアが一段落して「さあ、出産しよう」と思った女性がなかなか妊娠せず、クリニックで「卵子は老化するので、35歳以上になると格段に妊娠しにくくなるのですよ」と説明され、びっくりすることが頻繁《ひんぱん》にあるそうです。「知らなかった……」「誰も教えてくれなかった……」本当にそうですよね。妊娠・出産するかどうかは一人ひとりの選択ですが、どちらを選ぶかにかかわらず、リプロダクティブ・ヘルス&ライツの基礎知識を持ち、心と身体の準備だけはしておきたいものです。学校や家庭で教わる機会がなければ、自分で学びましょう。

②リプロダクティブ・ヘルス&ライツ

そもそも、リプロダクティブ・ヘルスってなんでしょう？　世界保健機関（WHO）は、リプロダクティブ・ヘルスを以下のように定義づけています。

「リプロダクティブ・ヘルスとは、妊娠・出産のシステムおよびその機能とプロセスにかかわるすべての事象《じしょう》において、単に病気がない、あるいは病的状態にないということではなく身体的、精神的、社会的に良好な状態（well-being）にあること」

妊産婦の健康に関する国際協力NGOジョイセフ[*8]は、以下のようにわかりやすく言い換えています。

「リプロダクティブ・ヘルスとは、性や子どもを産むことに関わるすべてにおいて、身体的にも精神的にも社会的にも本人の意思が尊重され、自分らしく生きられることです」

具体的には「リプロダクティブ・ヘルス」の考え方には以下のことが含まれます。

○人々が安全で満足のいく性生活を持てること
○子どもを産む可能性を持つこと
○子どもを持つか、持たないか、子どもを持つならいつ、何人産むかを決める自由を持つこと
○男女ともが、自分の選んだ、安全かつ効果的、また安価で利用しやすい出生調節法についての情報を得、またその方法を入手することができること
○すべての女性が安全な妊娠・出産を享受《きょうじゅ》でき、カップルが健康な乳児をもつための、適切なヘルス・ケア・サービスを入手できること

もう一つ知っておきたいのは、「リプロダクティブ・ライツ」、つまり、自分の性や生殖に関することを、自分自身で決める権利のことです。いつ性交渉するのか、妊娠したいかしたくないか、産むか産まないか、産むならば、いつ、何人産むの

か。こうした権利を行使することは、女性自身のことであるにもかかわらず、長年抑圧《よくあつ》されていました。望まぬ性交渉を受け入れたり、避妊を要求できなかったり、女性の側でできる避妊の手段を活用できなかったり。また、社会や家庭からは「産む役割」が与えられ、自分の意思とは関係なく、妊娠し、出産する。長い間、女性は性や生殖に関して受け身の存在でした。自分の身体と意思を大切にし、今だけではなく将来のことも考えながら、パートナーと対等な立場に立って、一つひとつの選択をしましょう。

③パートナーとは対等で、尊重し合う関係を

「リプロダクティブ・ヘルスの知識は、女性が自分の人生をコントロールするための必須条件です」
（国立保健医療科学院主任研究官・産婦人科医　吉田穂波《ほなみ》さん）

産婦人科医で、4人の女の子のお母さんでもある吉田穂波さんは、「リプロダクティブ・ヘルスの知識があるかないかで、健康の維持だけではなく、キャリア形成やライフ・プランニングにも大きな違いが出ます。人生でのトータルな幸せに役立ちますよ」とおっしゃっています。自分の身体のバイオリズムを月単位で、そして年代単位で客観視できるようになると、体調や心の変化の波を予測したり、管理したりできるようになります。まずは、基礎体温表を3ヵ月間つけてみましょう。あなたの身体のバイオリズムを把握《はあく》できます。また、初経、妊娠、出産、更年期、閉経といった、女性の生殖機能の大まかな変遷《へんせん》を知っておくと、キャリア形成や、結婚・出産のタイミングを決める時、身体の不調がある時に役立ちます。

吉田先生が留学していたドイツでは、小学校で女の子と男の子が一緒に生殖のことを勉強し、初経を迎えた女の子はお母さんと一緒に婦人科に行くのが一般的だそうです。かかりつけの婦人科医を持ち、正しい知識を身につけることで、自分の身体のメンテナンスの仕方を学び、科学的な表現を覚えたりピルを処方してもらったりして、自分の性を自分でコントロールできるようにするのだそうです。

女性の性成熟期

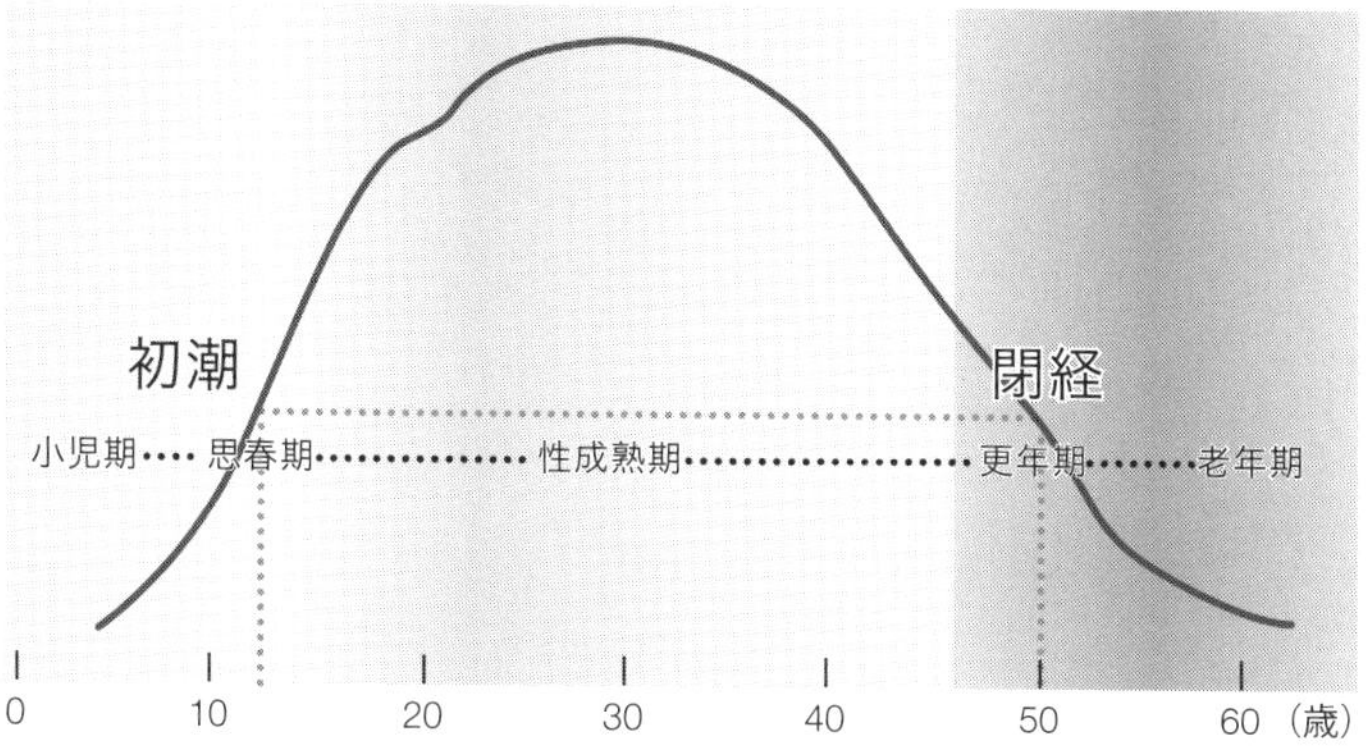
初潮
閉経
小児期
思春期
性成熟期
更年期
老年期
0
10
20
30
40
50
60（歳）

月経のリズム

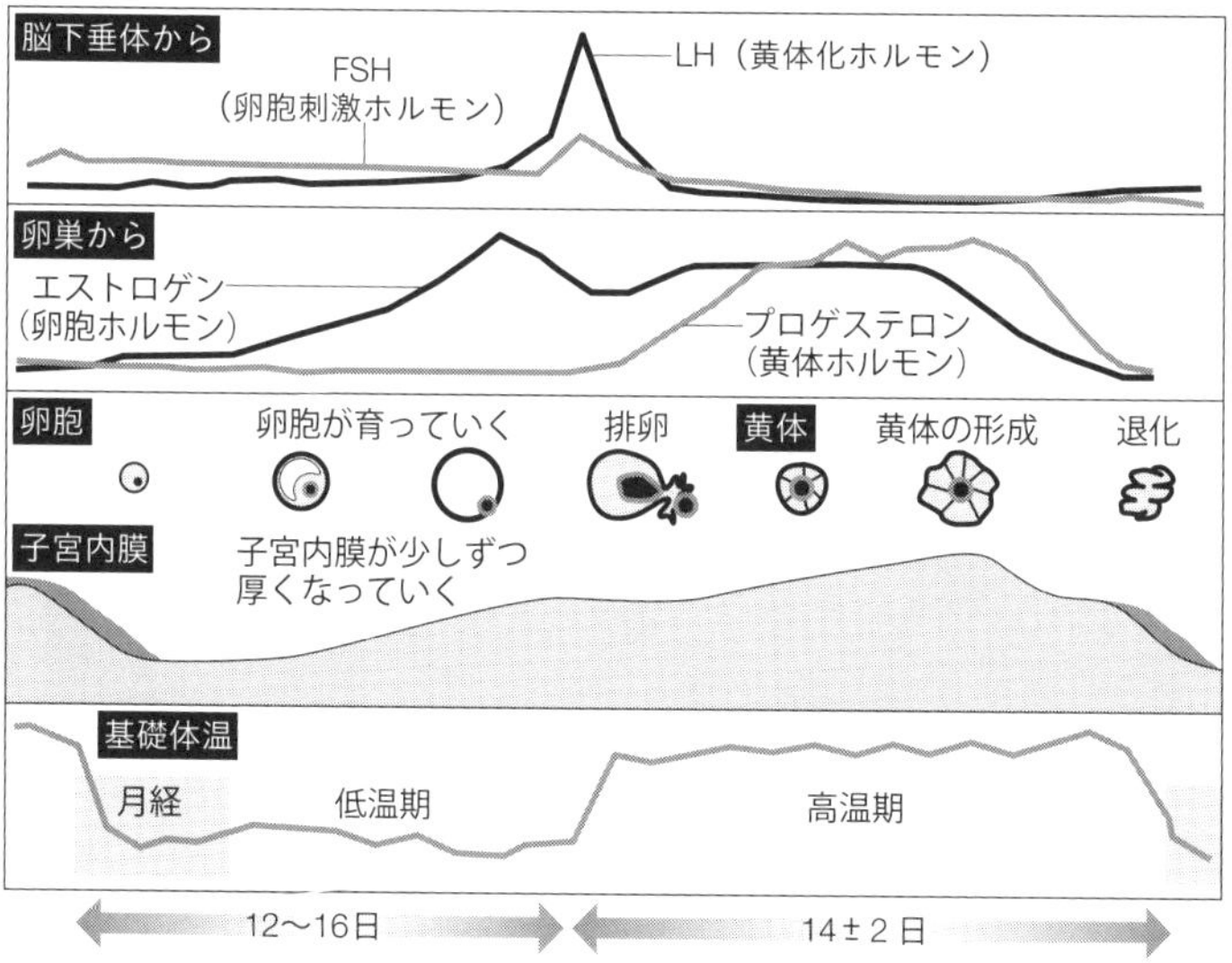
脳下垂体から
FSH
（卵胞刺激ホルモン）
LH（黄体化ホルモン）
卵巣から
エストロゲン
（卵胞ホルモン）
プロゲステロン
（黄体ホルモン）
卵胞
卵胞が育っていく
排卵
黄体
黄体の形成
退化
子宮内膜
子宮内膜が少しずつ
厚くなっていく
基礎体温
月経
低温期
高温期
12〜16日
14±２日

「将来、子どもを産みたいと思った時に産めるように、今、知っておいてもらいたいことがあります」

（吉田さん）

子育てって大変そうなイメージがありますか？　私も若いころは「絶対に無理～」なんて思っていました。が、出産したことで私の人生は一変。子育てを通してたくさんの人たちと友達になり、いろいろな経験をすることができました。それが「一人ひとりが持って生まれた能力を活かして生きていけるように、少しずつでも社会を変えていきたい」という仕事のモチベーションになっています。「妊娠・出産すると、子宮体がん、卵巣がん、乳がん、子宮内膜症、子宮筋腫にかかりにくくなるというメリットもありますよ」と吉田さんは指摘します。

働きながら出産し、子育てをする自分の姿は想像できないですか？「男性が稼ぎ手、女性が家事・育児」という役割分担が長く続いた日本では、労働環境やキャリア形成の主流が「妊娠・出産しない男性の働き方」を前提にしています。妊娠・出産しようと思ったら、男性とは違う「キャリア・プラン」や「ライフ・プラン」を立てなければなりません。自分のキャリアの中で、どうやって妊娠・出産のベストタイミングを見極めるか、そんな知恵が女性には必要です。

「32歳から妊娠率が低下します。自然妊娠が可能なのは35歳くらいまで、と心に留めておいてください」と吉田さん。女性は生まれた時に、約３００万個の卵子があるそうです。第二次性徴期になると、毎月10個の卵子が育ち、その中から一つだけが排卵します。排卵できる卵子の数は、30歳以降激減するため、32歳になると妊娠率が低下するのです。35歳以上になると、自然妊娠が難しくなるので、約2割の夫婦が不妊治療を受けているそうです。40代の芸能人が妊娠した！　というニュースを見て、「40歳になってからでも大丈夫」と誤解する女性がたくさんいるそうですが、40代での妊娠率は20代に比べると０・０１パーセントに低下します。自然のメカニズムを頭の片隅に置いて、ライフのプランニングをしましょう。

また、過度なダイエットや喫煙も将来の不妊につながることを覚えておきましょう。吉田さんは「脂肪の量が極端に少なくなると、脳は『生殖をしている場合ではない！』と受け止めます。卵巣への排卵指示が止まり、卵巣がうまく機能しなくなります。あまりに痩せすぎると、月経が止まってしまい、女性ホルモンのパワーがダウンしてしまうのです」と注意を促しています。また、タバコに含まれる成分は、卵管の働きを阻害《そがい》するので喫煙もおすすめできません。将来の選択肢を狭めないように、今のあなたの身体を健やかに保ちましょう。

「性行為をしたくない時にはしない。自分の産み時を自分で決める。避妊をしたい時は自分でもするし、相手にも求める。女性には、リプロダクティブ・ライツがあります」
（吉田さん）

「女性は男性の従属的《じゅうぞくてき》な存在」で、「産むのが女性の役割」であり、「女性自ら避妊を選択できない」という規範《きはん》が長い間女性たちを苦しめてきました。たくさんの女性たちが立ち上がり、声を上げて、自分の意思で産みたい時に産むという権利、リプロダクティブ・ライツを獲得しました。今は、性行為、避妊、出産のタイミングなど、女性は主体的に選択する立場にあります。

ところが、若い女性の望まない妊娠や出産は後を絶ちません。それは、女の子の自己肯定感の低下ともリンクしていると吉田さんは指摘し、「セックスを求められ、それに応じることで『愛されている』と、自己肯定感を満たそうとする女性が残念ながらたくさんいます。性の部分だけが求められているのに、自分の人格が全面的に受け入れられていると思ってしまうのです」と言います。あなたにとって、「今」は大切ですが、「将来」も同じくらい大切です。パートナーは、あなたの「将来」を同じように大切に思ってくれているでしょうか？

セックスのパートナーがたくさんいると、性感染症にかかりやすくなります。性感染症は、将来不妊症になる可能性を高めます。日本では、HIVの感染者数も増えています。20代の女性の3割がクラミジアに感染しているそうです。クラミジアや淋病は、放置しておくと、菌が卵管近くまで侵入し、不妊の原因になります。「低用量《ていようりょう》ピルとコンドームを併用すれば、望まない妊娠と性感染症を同時に防ぐことができます。低用量ピルは、今現在、一番効果が高い避妊方法です。でも、HIVやクラミジアなどの性感染症を防ぐことはできません。コンドームは感染症の予防になりますが、避妊の効果は完璧とは言えません。ピルとコンドームを両方使うことで、避妊と感染症予防のダブルブロックになります」と吉田さん。男性と女性が対等な立場で責任を分け合い、お互いを思いやるうえでもベストな方法だそうです。避妊について話すのは恥ずかしいと思われるかもしれませんが、「私のことを本当に好きなら、こうして欲しい」と伝えるようにしましょう。

覚えておきたいこと（吉田穂波さん監修）

○〈身体の悩みがある時〉

・学校の養護の先生や自治体の保健センターの相談窓口で相談すると、必要に応じて専門家を紹介してくれます。

・看護協会や助産師会がティーン向けの電話相談のホットラインを設けています。気軽に相談してみましょう。

○〈婦人科クリニックを受診する時〉

・自分の身体の責任者は自分という意識をつねに持ちましょう。

・医師の判断材料となる情報の準備。初潮年齢、今の症状（いつから始まったのか、どんどん悪くなっているのか、一日何回なのか、何をしたら悪くなるかといったこと。『主《しゅ》訴《そ》』といいます）、質問したいことをメモにして持参しましょう。基礎体温表も持参すればなおいいです。

・受診中は、今後の見通しを聞き、メモをとりましょう。よくわからないとき、納得できない時は、何度でも質問をしましょう。

こんな時は、婦人科を受診しましょう

- □ 月経が３ヵ月経っても来ない
- □ 月経が３週間おきに来る
- □ 月経の出血が３日間以内で終わってしまう
- □ 月経の出血が10日以上続く
- □ 月経の痛みで普通の生活が送れない
- □ おりもののにおいが、腐った生魚のよう
- □ 排尿する部分がかゆくて、かきむしりたくなるほど
- □ 排尿時に焼けつくような痛みがあり、排尿を我慢してしまう
- □ 月経前に過食気味になる、にきびがひどい、怒りっぽくなる、気持ちが落ち込む、などの症状がある

もっと詳しく知りたい場合は

・『ティーンズの生理&からだ&ココロの本　娘に伝えたい』対馬ルリ子、吉野一枝、種部恭子著（かもがわ出版）
・『女性のからだとこころ　自分らしく生きるための絆をもとめて』内田伸子編著（金子書房）
・『「女性検診」がよくわかる本　かわいい体は自分で守る!』対馬ルリ子（小学館）
・HP「新・医者にかかる10箇条」http://www.coml.gr.jp/shoseki-hanbai/10kajo.html
・HP「将来家庭を築くための教育を」（産婦人科ドクター吉田穂波のママこそ美しく健やかに）http://www.nikkeibp.co.jp/ecomom/column/dc/dc_015.html

④ DVに巻き込まれないこと

DV（ドメスティック・バイオレンス）という言葉、聞いたことがあると思います。「配偶者間暴力」とか「家庭内暴力」と訳されていますが、夫婦や家族の間だけで起こる問題ではありません。結婚していない男女間での身体、言葉、態度による暴力もDVです。最近は、「デートDV」とも呼ばれています。相手を自分の思い通りにするためにあらゆる暴力的な手段を使うことです。たとえば、

①身体的な暴力：殴る、蹴る、物を投げるなど
②心理的な暴力：言葉でののしる、ストーカー行為をする、頻繁な電話（すぐに返答することを求める）、過剰な嫉妬、行動の束縛《そくばく》など
③性的な暴力：合意のないセックス、痛めつけたり、侮辱するような性行為
④経済的な暴力：お金や物を貢がせる

ＤＶというと、相手を殴る、蹴る、物を投げるなどの「身体的暴力」だけをイメージしがちですが、それだけではありません。あなたの心や身体を思い通りにしようとする「言葉」や「態度」や「行動」も、ＤＶなのです。男女間、とくに家庭内での暴力が、「許されない行為」「犯罪」として認識されるようになるまでにも、長い年月がかかりました。昔は、「家庭内の問題。夫婦喧嘩」とか、「夫がむしゃくしゃした時に妻を2～3発殴るのは許容範囲」とか、「『経済的に養っている』のだから当たり前。妻は我慢すべき」というカルチャーが世界各地にありました。とくに、力強い男を礼賛《らいさん》する「マッチョ文化」の国々では、男が女を殴るのは当たり前、と暴力を容認するカルチャーが根強くありました。たくさんの女性たちが身体や心に傷を負い、それでも声を上げられずに我慢していたのです。

ところが、１９８０年代になると南米諸国を中心に、女性たちが立ち上がり、声を上げ始めます。それが国連女性開発基金（ＵＮＩＦＥＭ）による世界的な「女性に対する暴力撲滅キャンペーン」に発展し、「家庭内暴力や女性に対する暴力は犯罪である」という認識が生まれ、１９９３年には「国連・女性に対する暴力の撤廃に関する宣言」が国連総会で採択されました。それを受けて、各国で「女性への暴力」「家庭内の暴力」を法律で取り締まる動きが広がっていったのです。この流れを受けて、日本でも2001年に配偶者からの暴力の防止及び被害者の保護に関する法律（DV防止法）が施行されました。

チェックリスト　あなたは大丈夫ですか？

結婚していない若い男女の間でも、恋愛感情がいつの間にか相手への過剰な依存に変わり、別れたあとのストーカー行為に発展し、殺人事件にまで結びつくような悲しい事件が後を絶ちません。束縛や支配は愛情表現ではなくて、「暴力」です。おつきあいをするときには、以下のことに注意しましょう。

①男女の関係には、上下関係も支配関係もないことを覚えておく
②お互いを尊重し合う、対等な関係性を結ぶようにする

③ 嫌なことは嫌だと伝えられるようにする

男女間のことはプライベートな問題ですから、悩みを一人で抱えがちです。友達に話すと心が軽くなりますが、根本的な解決にはなりません。それが問題解決を遅らせ、重大な結末を招くことにもなります。「困ったな」「変だな」と思った時は、迷わずに専門家に相談してみましょう。国連は、世界の女性の7割が一生の間に何らかの暴力にあっていると報告しています。内閣府男女共同参画局による平成20年度の「男女間における暴力に関する調査」でも、回答した女性の13・6パーセントが10代、20代の時に交際相手から暴力を受けたと答えたそうです。「こんな目にあっているのは、自分だけかも」と思ったりせずに、これまでにたくさんの事例を扱ってきた専門家や支援機関に相談しましょう。

次ページでNPO法人（HP）全国女性シェルターネットによる「女性のためのDV相談室」のホームページ（http://www.nwsnet.or.jp）に掲載されているデートDVチェックリストを紹介します。

DV危険度チェックリスト

あなたのパートナー・恋人は？
1個でもあてはまる項目があれば、相談しましょう。

- □ いつも一緒にいることを要求する
- □ 嫉妬心が強い
- □ 異性の友人と交流することを許さない
- □ ひんぱんに携帯やメールがきて、
すぐ対応しないと怒る
- □ どこで、何をしているか、
行動のすべてを知りたがる
- □ デートの内容は全部彼が決める
- □ 服やヘアスタイルなど自分の好みをおしつける
- □ 感情の起伏がはげしく、突然怒り出す
- □ 手をつないだり腕をくんだりしていつも
身体に触れている
- □ 女性が意見を述べたり主張したりすることを嫌う
- □ 女性の家族の悪口を言う
- □ 交際相手を自分の所有物のように扱う
- □ コンドームを使いたがらない
- □ 別れ話になると「自殺する」と脅す
- □ 重要な判断を女性に任せ、「お前次第だ」と言う

条件2
知識を味方にする
身につけておきたいリテラシー

グローバル・ジェンダー・ギャップ報告書（2012年）では、「教育」指標での日本の順位は81位です。成人識字率100パーセントの日本でなぜ？　と思いますよね。内訳を見てみると、初等教育と中等教育（小学校から高等学校まで）は、男女格差がないのです。ところが、高等教育（大学）になると男女比は100：89で、なんと100位だというのです。いわゆる先進諸国のほとんどが高等教育の就学率を見ると女子の割合の方が高いのですが、日本と韓国とルクセンブルクだけが女子の方が低いという興味深いデータもあります。この時点での格差が、その後の労働参加率や賃金での格差につながっていると分析されています。

また、いわゆる理数系や工学系の学部に進学する女子の割合も先進諸国の中で一番低いのです。大学教育を自分の人生にどう位置づけるかは人それぞれですが、理数系や工学系学部の出身者は就職の受け皿があり、安定した雇用や高い賃金に結びつくことを考えると、このバラつきも将来の経済格差につながる可能性が高いことがわかります。また、土木系や工学系の女性専門家が少ないので、都市計画、防災計画、復興計画に関わる女性も極端に少なく、結果的にそういった領域に女性の視点がなかなか反映されないという指摘もあります。

現在、リケジョ（理系女子）を増やすべく、さまざまな取り組みが行われています。理数系科目が得意だったり、関心を持っている女子中学生にも働きかけをしているようです。「男子の方が、理数系が強い」というのは、日本に根強く残るジェンダー・バイアスです。国際比較を見れば、理数系・工学系学部で勉強する女の子も世界にはたくさんいることを実感できます。もしあなたが数学やサイエンスが得意なら、理系女子応援サービス「Ｒ・ｉｋｅ・ｊｏ」(http://www.rikejo.Jp)をチェックしてみてください。

①リーガル・リテラシー
法律の知識があなたの身を守る

　ここからは、女の子が主体的に生きていくために必要な「世の中の仕組みや動きを理解するためのリテラシー」を紹介したいと思います。「法律」「メディア」「お金」のイロハを探ってみましょう。

「法律」という言葉から、何をイメージしますか？　六法全書？　裁判所？　法律事務所？　どれも敷居が高そうですね。でも、法律は私たちの日常生活や人生と密接に関連しています。日本の法律の大元である日本国憲法は、私たち一人ひとりの基本的人権や法の下の平等、そして健康で文化的な最低限度の生活を営む権利を保障しています。

　日本は国連の女子差別撤廃条約を批准しています。女性の差別を禁じる国際条約です。締約国は、条約の内容を国内法に適用することを求められているのですが、実際のところは……。とくに「雇用」での男女差別は、未だに指摘されています。不当な目にあったり、弱い立場に置かれたりした時に、状況を改善させ、解決策を導き出せるように、まずは自分の権利、そして法的な枠組みをよく理解しておくことが大切です。

またストーカーの事案も後を絶ちません。警視庁「ストーカー事案の概況」（HP）によると、ストーカー被害者の8割以上は女性です。年代では、20代が多く、次いで30代、40代、10代です。加害者の8割以上が男性で、その半数以上が「交際相手（元交際相手を含む）」です（http://www.keishicho.metro.tokyo.jp/seian/stoka/jokyo_1.htm）。

あなたの「身の安全」は、あなただけではなく、家族にとっても、最も重要な関心事。いざという時にどこに相談すればよいのか、どんな保護が受けられるのかを知っておくと安心です。

「法律を参照することで、自分の権利を理解できます」

（ミモザの森法律事務所　伊藤和子弁護士）

「日本国憲法は、人が差別されることを禁じています。生涯、不当な目にあわずに生きていければよいのですが、『これはおかしいんじゃない？』という時、法律を参照することで、自分の権利を理解し、交渉することができます。結婚する時や有給休暇を取る時にも、自分の権利を知っておくことで心持ちが違ってきます」と伊藤和子さん。若い女性がまず知っておきたい法律は何ですか？　という私の問いに、「労働と、DVなど女性に対する暴力に関連する法律ですね」と即答してくれました。その2つの領域について、詳しく聞いてみました。

「男女雇用機会均等法、労働基準法、労働契約法のことを知っておきましょう」（伊藤さん）

「採用、職業訓練、賃金、昇進における女性差別は、男女雇用機会均等法で禁じられています。同一労働同一賃金の原則は、女性だから賃金が低く設定されることを認めません。妊娠したから解雇する、というのも明らかに法律違反です」と伊藤さん。たとえば、会社が解雇を言い渡す際には正当な理由が必要だと言います。従業員から退職願を出さない限り、そう簡単には辞めさせられないのだそうです。ところがたくさんの女性が不当な目にあっているにもかかわらず、泣き寝入りしていると言います。「『会社の決定だから』と言われても、会社側のペースに乗せられて退職届を書かないようにしましょう。一人で入れる労働組合もあるし、解決金をもらってから辞めることもできます」と伊藤さん。「労働審判制度」という数ヵ月でできる簡易な裁判手続きを利用すれば、たとえ解雇になったとしても、解決金を出すようにと裁判所から斡旋案が出るそうです。最近は、解雇された後に失業保険を受給しながら労働審判を申し立てる人も増えてきたそうです。

厚生労働省のホームページには、「（男女雇用機会）均等法Q＆A」というページがあります（http://www.mhlw.go.jp/general/seido/koyou/danjokintou/q-a.html）。

○採用面接で、「子どもが生まれたらどうするのか」と聞かれました。これは性差別ではないでしょうか

○派遣社員として働いています。派遣先の社員からセクシュアルハラスメントを受けているため、派遣元の上司に相談したところ、うまくやってくれと言われました。どうすればいいのかわからず悩んでおり、精神的にまいってしまいそうです。どうしたらよいでしょうか

といった「よくある質問」への答えが紹介されています。男女雇用機会均等法は、正社員だけでなく、アルバイトにも適用されます。ぜひ、チェックしてみてください。

「女性に対する暴力は、重大な人権侵害です。配偶者からの暴力の防止及び被害者の保護に関する法律（DV防止法）やストーカー規制法のことを知っておきましょう」

（伊藤さん）

伊藤さんは、日本弁護士連合会の「両性の平等に関する委員会」の委員長も務めるなど、DVや離婚に詳しい専門家です。「パートナーに暴力をふるわれたら、敢然と抗議して『二度としない』と約束してもらいましょう。結婚する前に暴力を容認してしまうと、結婚してからのDVにつながりますよ」と伊藤さん。たとえパートナーが反省の態度を示したとしても、その後の経過をよく観察した方がよいと指摘します。「あなたが相手の意に沿わない行動をとったり、相手の意見に反対する意見を言った時に、相手がどう反応するかを確かめてみましょう」と伊藤さんは言います。「私が変えてみせる」という女性も多いようですが、数多くの事案を扱ってきた伊藤さんによると、「それは幻想」。見切り発車での結婚は考え直した方がよさそうです。

「自分が憎まれ口を叩いたから」「自分も悪いから」と思い込み、訴えられない人もたくさんいるそうですが、まずは「口論と暴力は別次元の問題」とよく覚えておきましょう。

「デートDVは、DV防止法の保護命令の対象になりません。適用できるのは、ストーカー規制法です」
（伊藤さん）

婚姻関係にある男女、内縁《ないえん》関係にあり一緒に生活している男女には、ＤＶ防止法の保護命令が活用できますが、それ以外の男女は対象になりません。「DV防止法の改正に私たちも動いているところですが、今現在、恋人同士の暴力、いわゆるデートDVに適用できるのは、ストーカー規制法です」と伊藤さん。暴力的な元交際相手からストーカー行為や脅し、つきまといなどの行為にあったら、最寄りの警察署に行き、救済を求めれば、相手に対して「つきまとい行為をするな」という警告を出してくれるそうです。「それでもやめない場合は、公安委員会からつきまとい禁止命令を出してもらえる場合もあります」と伊藤さん。

とはいえ、心理的に支配されていて、逃げられないと思い込まされている女性がたくさんいるのが男女間の暴力の特徴です。しかし、悲劇的な結末を迎えたストーカー事件を教訓にし、最近では警察も取り組みを強化しているそうです。つきまといから逃げるために引っ越しなどをした場合、新しい住所を相手には知られないようにする手続きをとってもらうこともできるそうです。

「弁護士の力を借りるのもおすすめですよ」と伊藤さんは言います。「男性は権威に弱い傾向があるので、弁護士から内容証明郵便で警告を受け取ると、行為が収まることがよくある」そうです。また、警察に相談に行く時は、ストーカー規制法の知識のある弁護士に同行してもらうと安心です。

「ストーカーやデートDVの被害にあったら、まずは相談してみましょう」（伊藤さん）

友達や家族に相談することは精神的な力にはなりますが、具体的な解決法を示してくれるわけではありません。やはり、専門の相談窓口で相談することが大切だと思います。「あなたが大学生なら、まずは大学の学生課に相談してみるのも手です。最近は、きちんとした対処をする大学が増えていますよ」と伊藤さん。

また、各都道府県には「配偶者暴力相談支援センター」があり、ＤＶの相談にものってくれるそうです。「センターで一定の保護措置をとってもらうこともできます。内閣府のホームページには、全国の相談窓口の一覧表が掲載されているので、参考にしてください」と伊藤さん（http://www.gender.go.jp/e-vaw/soudankikan/01.html）。

また各都道府県や市町村に設置されている女性センターではデートＤＶも含めた相談に対応します（http://www.gender.go.jp/e-vaw/advice/advice06list.html）。

最寄りの相談支援センターや相談窓口の電話番号を知りたい時は、内閣府の全国共通ダイヤル（０５７０－０－５５２１０）に電話してみてください。電話番号案内サービス（自動音声、24時間利用可能）につながります。また、各相談窓口の受付時間内に電話をすれば、そのまま転送してもらえるので、すぐに相談することができます。現在、約９００ヵ所に相談窓口があるそうです。あなたの近くにも、相談にのってくれる人がいるはずです。

「あなたの立場に立って考え、一緒に行動してくれる弁護士を選んでください」
（伊藤さん）

雇用についても、暴力についても、女性を守るための基本的な法律は存在します（それらの法律は、国際基準から見ても当事者から見ても完璧からは程遠く、伊藤さんのような専門家や活動家が改正に向けて頑張っています）。あなたの権利と尊厳を守るために、必要な時には弁護士の力を借りましょう。

「弁護士も千差万別です。得意分野も違えば、パーソナリティも違います。ＤＶ・離婚の事案は得意でも、雇用問題はあまり……という弁護士もいます。両方できる弁護士もいます。あなたのニーズに対応できる弁護士を探してください」と伊藤さん。探し方として、２つの方法を提案してくれました。

①〈「法テラス」に紹介してもらう〉法テラス（日本司法支援センター）は、国によって設立された公的な法律相談センターです。東京などいくつかの地域ではＤＶ相談窓口があり、また、ＤＶ事案に強い弁護士を紹介してもらうことができます。法テラスの契約弁護士だと、法テラスが弁護士費用を最初に全額立て替え払いしてくれ、その後で低額の分割返済することになるのが通常ですが、

経済力などの状況に応じて、弁護士費用が免除されることもあります。問い合わせてみましょう。

②〈自分で検索してみる〉最近は、ホームページやブログを持っている弁護士も増えています。弁護士本人が書いたブログを読むと、専門領域や経験だけではなく、人柄が伝わってくることもあります。あなたに合いそうかどうか、参考にしてみてください。探し当てた弁護士が法テラスの契約弁護士かどうかもチェックしてみましょう。費用の立て替え払いが可能になるかもしれません。

納得できる解決法を一緒に考えてくれるような信頼できる専門家を探すことができるのはあなた自身です。「最初に相談した相談員や弁護士の意見だけを鵜呑みにするのではなく、セカンド・オピニオンを求めましょう」と伊藤さんも強調します。一般的には、「女性の権利を扱っている弁護士」、場合によっては「女性の弁護士」が望ましいのではないか、とアドバイスしてくれました。

もっと詳しく知りたい場合は

・『こんなときどうする？　女性のための法律相談ガイド　新版』東京弁護士会両性の平等に関する委員会編

・法テラスのＨＰ　http://www.houterasu.or.jp/

・内閣府男女共同参画局「配偶者からの暴力被害者支援情報」http://www.gender.go.jp/e-vaw/index.html

②メディア・リテラシー　情報の受け止め方を鍛える

新聞、テレビ、雑誌、広告、インターネット。私たちは日々、メディアからたくさんの情報を受け取っています。私たちのものの考え方や、価値観、商品や進路などを選択する時の判断基準まで、知らず知らずのうちにメディアの影響を受けていると言っても過言ではないでしょう。テレビで流れる「いじめ」のニュース。雑誌を賑わす「婚活」特集。私たちはつい、メディアで報じられていることを「事実そのもの」として受け取ってしまいがちです。

でも、そこで伝えられていることが「すべて」なのでしょうか？　もしかしたら、他の視点や他の解釈の仕方があるのではないでしょうか？　「本当にそうなの？」とまずは問い直してみること。つまり、クリティカル・シンキングの姿勢でメディアに接することが大切だと思います。メディアが発信するあらゆる情報を多角的な視点から解釈し、取捨選択する力、つまり、メディア・リテラシーを育みましょう。メディア・リテラシーは、あなた自身の価値観・考え方を形成し、主体的な生き方をするための大きな鍵になってくれるはずです。

「メディアに限らず、『世の中で起こっていることをそのまま伝えることはできない』ということを知っておきましょう」
（在米ジャーナリスト 菅谷《すがや》明子さん）

ボストン在住のジャーナリストで、『メディア・リテラシー』（岩波新書）の著者、菅谷明子さんは、「メディアが伝えることと、世の中で起こっているさまざまな出来事の間は、意図せずとも常に『ズレ』が生じてしまいます。私たちが見聞きする情報は、伝え手のフィルターを通した『一つの見方』であって、それが必ずしも全体像を伝えているわけではありません。報道で言えば、何を取り上げるか、取り上げないかを選択しなければなりません」と言います。

また、なるべく「現実」に近いものを伝えるためには、多角的な視点から丹念な取材をしなければなりませんが、これには膨大な労力がかかるそうです。専門家にインタビューをして構成したニュースを目にすることも多いと思いますが、それはファクト（事実）というより、ある特定の視座に立ったオピニオン（意見）に近いそうです。事実を掘り起こすためには、時間と労力、何よりも資金がかかりますが、意見はその人に聞くだけなので、手軽にできてしまうのです。

「なぜ、この人がインタビューに選ばれたのか？（そのテーマについて）どんな立場を取り、どういう視点からその問題を解釈しているのか？　この媒体自体はどういうスタンスをとっているのか？　この見方・オピニオンは、全体像の中ではどんな位置づけだと考えられるのか？　といったクリティカルな視点を持って、ニュースに接してみてはどうでしょうか？　伝えられていることだけでなく、何が伝えられていないのかを考えることも、非常に大事です」と菅谷さん。

今起きている社会の問題を「一つの視点」だけで理解しようとするのは確かにムリがありそうです。菅谷さんいわく、「メディア・リテラシーとは、世の中の多様性を理解すること」。学校では、先生が「こういう見方をしましょう」「これをやっておけば正解です」と、答えを示してくれるかもしれません。でも、周りにいるたくさんの人たちと対話をすれば、解が1つしかないということのおかしさが見えてくるはず。「たとえば、仲良し5人組が一緒に旅行をしたとします。同じ場所を訪れ、同じものを食べても、きっと五人五様の感じ方をするものです。その経験をそれぞれがレポートにしてみたら、きっとそれぞれ違うストーリーになりますよね」。

確かにそうです。私たち一人ひとり、感じ方や目の付けどころが違うからです。「メディアで話題になっていることをそのまま受け取るのではなく、『自分はどう思うか?』『他の人はなぜそう考えるのか?』といったことに思いを巡らせてみれば、価値観や意見の多様性に気がつくと思いますよ」と菅谷さんは言います。「メディア社会というのは、言い方を変えると『他人の眼』を通して世の中を知ることです。語り手が変われば、その見え方も変わることを理解すると、違った世界が見えてくると思います」と菅谷さん。

「多くのメディアはビジネスでもあります。商業的な仕組みに気がつかないと、情報に踊らされてしまうこともあります」
（菅谷さん）

メディアはいろいろな「キーワード」を生み出します。最近では、「モテ」とか「女子力」とか「美魔女」とか。そして、「こんなおしゃれをするとモテる！」「これを使えばキレイになる！」「今、一番人気のファッションはこれ！」といった解決策や答えを発信します。でも、それって本当でしょうか？

菅谷さんは、「なぜ、ヨーロッパの高級ブランドの関係者は、ファッション誌のインタビューで『日本の女性は、とてもおしゃれです』と持ち上げるのでしょうか？」と問いかけます。読者が「潜在的なお客さん」というのが一番大きな理由だろうと菅谷さんは指摘します。お客さんがその商品を買いたくなるような誌面づくりをすることで、商品が売れれば、広告主はハッピーになり、また広告を出すことでしょう。新聞、テレビ、雑誌。どの媒体にとっても「広告」が大きな収入源です。ビジネスとしてやっていけなければ、残念ながら成り立ちません。

マス・メディアが発信するキーワードの背後に「商業的なモチベーション（動機）」や「（売る）モノ」があること、私たちは「情報の受け手」であると同時に「潜在的なお客さん＝消費者」であることを覚えておくのも、メディア・リテラシーの基本です。

「残念ながら、『心を磨けば幸せになれる！』というメッセージではなかなか広告がつきません」と菅谷さん。女性の幸せのためというより、消費行動を促すことを目的にしたメッセージもたくさんあるようです。「一方で、広告が載っているために、安い値段（あるいは無料）で情報が得られる、というビジネスモデルも理解すべきでしょう。メディアは私たちに一方的に影響するだけでなく、私たちもそのあり方の一端を担っていることを自覚することも必要です」と菅谷さん。メディアが提示する「これを使えば大丈夫！」「今はこれが流行っている！」というメッセージに対して、その意味を問い直し、賢い読者・視聴者、賢い消費者になることで、あなたが好きなもの、あなたがよいと思うものを追求してみてはどうでしょうか？

「世の中の価値観や、人々のライフ・スタイルは多様です。一つの価値観にとらわれることはありません」（菅谷さん）

2012年夏のロンドン・オリンピックでは、日本の女子選手が大活躍しました。サッカー、柔道、レスリング、水泳、アーチェリー……。世界のトップ・アスリートと肩を並べて闘う日本の選手に私も胸が熱くなりました。ところが、そんなトップ・アスリートたちに対しても、日本のレポーターからはお決まりの質問が投げかけられます。

「得意な料理は何ですか？」

「（トップ・アスリートとはいえ）女性なんだから、料理はできるはず」（料理＝女性の役割）という根強い価値観を感じます。ワールド・カップで優勝したなでしこジャパンの選手たちに、総理大臣から「化粧筆」が贈られたこともありました。料理が得意かどうか、化粧をするかどうかは個人の選択です。このような報道を日々目の当たりにしていると、無意識のうちに「どんなに仕事で成果を出そうが、女性であれば料理ができて当たり前。きれいにお化粧していて当たり前」という固定観念が植え付けられてしまいます。

世の中の価値観や人々のライフ・スタイルは多様です。ところが、メディアでは、一つの見方が強調されがちです。そこから外れた考え方を持っている自分はおかしいのかな？　と思ってしまいます。なでしこジャパンに得意な料理を聞くなんておかしいなと思っても、メディアでそういうことが報じられていると「アスリートでも女性なら料理ができて当たり前なのかな？」と不安になってしまいます。菅谷さんは、「メディアで伝えられていることと、世の中で実際に起きていること、自分が日常の生活の中で知っていることは乖離《かいり》しているものです。ですから、一つの価値観にとらわれる必要はありません。またそうすることで、『モテ』にもこだわらなくてすみますよ」とアドバイスしてくれました。

メディアから伝えられる情報は、伝え手の価値観を経由していること、社会や人々の多様性のほんの一部を切り取ったものに過ぎないということを忘れず、あなた自身の考え方や個性を大切にしましょう。生き方のロール・モデルを探すにしても、自分の耳に心地よい特定のメディアだけに頼るのではなく、あえて違ったタイプの情報を伝えるメディアをチェックしてみたり、いろいろな人に会ってみて、たくさんの「リアル・ストーリー」を自分で集めてみることも、きっとあなたのものの見方を豊かにしてくれるはずです。

もっと詳しく知りたい場合は

・『メディア・リテラシー』　菅谷明子著　（岩波新書）
・『メディア・リテラシー——マスメディアを読み解く』カナダ・オンタリオ州教育省
編・ＦＣＴ訳　（リベルタ出版）

③ファイナンシャル・リテラシー 経済力は自立のための必須条件

「お金」のことって、考えたことがありますか？　生きていくためには、お金が必要です。主体的に人生を生きていくためには、自分でお金を管理するスキルが大切になってきます。そのための第一歩が、「ファイナンシャル・リテラシー」を身につけること。専門家にお話を聞いてみましょう。

「ファイナンシャル・リテラシーの一歩目は『自分に興味を持つこと』です」

（マーケット・アナリスト　崔真淑《さいますみ》さん）

「ファイナンシャル・リテラシー」というと、家計簿をつけたり、金融関係の本を読んで勉強するなど、即実践なのかな？　と思いますよね。証券会社で株式アナリスト、債券トレーダーとして活躍した後、独立。現在はマーケット・アナリストとして、ファイナンシャル・リテラシーの啓発活動にも取り組んでいる崔真淑さんによると、それは第2ステップ。実践にいたるまでの過程が大切だと言います。「まずは経済に興味を持ってください。経済というと、大きな話に聞こえるかもしれませんが、『自分』に興味を持つことから始まるんですよ」と、崔さんは教えてくれました。

「自分の生活費は何から生まれているのか？」という小さな問いがすべての始まり

だそうです。私たちは一人ひとり、何かしらの方法で日々の生計を立てています。すでに自分で稼いでいる人もいれば、親の収入で生活している人もいるでしょう。生活費や自分のお小遣いの足しに、アルバイトをしている人もいるかもしれません。自分が今、働いている、もしくはアルバイトをしている会社、親が働いている会社・事業体は、どうやって「お金」を生み出しているのでしょう？　お金を生み出しているからには、そこに何らかのビジネス・モデルがあるはず。それは一体どんなモデルでしょうか？　そのビジネス・モデルが回っているということは、社会で必要とされている、つまりそのビジネスには社会的な意義があり、その仕事に関わっているあなたやあなたの親には社会での存在意義があることがわかります。このように、自分の生活と世の中の動きを結び付けて考えること、つまり、自分や親の仕事の社会的意義を理解することが、ファイナンシャル・リテラシーの出発点です。「お金は人々の生活の糧《かて》です。ぜひ、お金に対して肯定的なイメージを持ってください。それが、ファイナンシャル・リテラシーの土台です」と崔さん。

「『お金の知識』を活かせるのは、『自分で稼いで生きていこう』という覚悟がある人です」

（崔さん）

崔さんは大学を卒業後、アナリストとして活躍しました。経済的に自立し、がむしゃらに働いていたと言います。ところが身体を壊した時、「もし働けなくなったら？」と不安に襲われたそうです。当時の崔さんが下した決断は、「経済的に裕福な人と結婚すること」。ところが、その結婚はうまくいかなかったそうです。経済的な不安は解消されたのに、なぜ？「お金の知識はあったのに、『自分で生きていく』という覚悟が足りなかったから。ファイナンシャル・リテラシーは、自分で稼ぎ、自分で自分に責任を持って生きていきたいと願う人のための手段だと思うんですよ」と崔さんは言います。

女性の経済的エンパワーメントは、人生の選択肢を広げるための必須条件として、世界各地で取り組みが行われています。それは先進国である日本でも同じこと。夫からＤＶを受けても離婚できないなど、「我慢しながら生きている」女性はたくさんいます。「夫が稼ぎ手、妻が家事・育児」モデルが持ちこたえていた時代は、女性の間にも「経済的なことは男性に任せておけば大丈夫」という風潮《ふうちょう》がありました。でも、今の時代は、「いざとなったら自分で生きていくぞ！」というモチベーションが一番重要。そのうえでリテラシーを高めれば、自分の好きなことができる、そんな人生を歩めるようになります」という崔さんの言葉には重みがあります。

投資コンサルタントとしても活躍する崔さんのもとには、20～30代の女性が多く相談に来ます。自分の将来に不安を感じるのは皆同じですが、「不安を解消するために、自分で勉強する人」と、「結婚すればなんとかなると思っている人」の２つの傾向に分かれるそうです。「私の印象では、勉強をする人の方がよいパートナーを見つけているし、惰性《だせい》で結婚生活を続けている人が少ないと思います。専業主婦でも、自分の労働の経済的価値や意義をちゃんと認識し、やりがいを感じています。いざという時には経済的に自立して、子どもを育てていくわ、という自信もある」と崔さん。

結婚前に仕事などで成功体験を積んでいたり、つねにアンテナを張って、ネットワークを作っている人は強いようです。

「マクロな（大きな）視点を身につけること、経済学的思考を身につけることで、世の中を俯瞰《ふかん》してみてください」
（崔さん）

お金の扱い方というミクロな視点だけではなく、マクロな視点を身につけて欲しいと崔さんは言います。お金のことになると、つい目の前の情報に振り回されがちです。「情報を鵜呑みにせず、自分の頭で考えてみる。たとえば、ギリシャの例を引き合いに出して、『日本も財政破綻する』という不安をあおるようなニュースを観たとします。そんな時は、『本当に日本とギリシャは一緒なの？　財政破綻と国家破綻って同じことなの？』と疑問を投げかけるマインドを持つこと、それもファイナンシャル・リテラシーの一部なんですよ」と崔さんはアドバイス。お金の扱い方の知識は、今、お金がどんな動きをしているのかを把握してこそうまく活かせるということのようです。氾濫する情報を鵜呑みにせず、自分で判断すること。そのための判断材料となるのが、ファイナンシャル・リテラシーだと言います。

では、実際、どんな勉強をすればよいのでしょう？　崔さんのおすすめは、

①食卓で、家族と一緒に経済の話をしてみること。その日の夕食の材料はどこから来ているのか？　旬の野菜はいつもより安いのか高いのか。お父さんやお母さんの給料が最近増えたのはなぜか？　減ったのはなぜか？　お父さんやお母さんの会社や業界には今どんな動きがあるのか？　身近な話から、お金の動きを探れるよい機会になります。

②新聞を読むこと。経済新聞を隅から隅まで読みこなすのは難しいので、まずは

Ｙａｈｏｏ！ニュースの経済欄に毎日目を通す習慣をつけるところから始めるのもおすすめです。世の中の人が今、何に注目しているかがわかります。

③本を読むこと。一つのテーマにしても、両極端のセオリーを提示する本を両方読むとよいでしょう。

④今あなたが興味のあるものがどうやってあなたの手元にたどり着くのかを、経済的な視点から探ってみること。たとえば映画が好きなら、映画が制作され、上映されるに至るまでには、どんなお金の動きがあるかを調べてみるのはどうでしょうか？　最近は、投資ファンド型や制作委員会方式などの資金調達法がありますす。その仕組みを紐解くことで、「映画づくり」にまつわるお金の動きや利益の構造がわかるようになるのです。

「若い女性におすすめするマネー・プランは、過剰な支出を抑えること、自分に投資すること、半年生活できるだけの貯蓄をしておくことです」
（崔さん）

今の時代、経済も動いていますが、人々の生き方も多様化しています。結婚する人、独身生活を続ける人、シングル・マザーとしての道を選ぶ人……。10年後のあなたがどんなライフ・スタイルを選んでいるかを想定するのは難しいのですが、今できることを教えてもらいました。

①〈基本姿勢として、無駄なものにお金を使わないこと〉服飾費や食費への過剰な支出は抑えた方がよいでしょう。ただし、節約マニア・貯蓄マニアになる必要はありません。

②〈漫然《まんぜん》と貯蓄するのではなく、「目的型貯蓄」を〉結婚資金、起業資金など、10年後にどのくらい必要なのかを考え、そこから逆算して目標額を設定し、貯畜するのがおすすめです。貯めることに集中するのではなく、目的に合ったお金の貯め方を実践してみましょう。とくに目的がないのなら、半年分の生活費（1人分であれば150万円くらいが目安）を貯めておきましょう。いざという時でも半年あれば、次の職が見つかるなど目途が立つものです。

③〈貯畜以外のお金は、「自己投資」に使いましょう〉本を買ったり、仕事上のスキルを身につけるための勉強をしたり、仕事関係や友人関係など人とのつながりを作ったり。たとえば飲み会を1回パスして貯蓄に回すよりも、その会に参加することで何か仕事につながりそうだ、仕事のアイデアをもらえそうだということであれば、参加してみるのも一つの投資です。私たちは人に助けられながら生きています。常日頃から人との関係を大切にしておくことで、ピンチから救われたり、チャンスが巡ってきたりということがよくあります。

④〈「タダのものには裏がある」という原則を覚えておきましょう〉スマートフォンの「無料アプリ」を利用したことがありますか？　基本的なサービスは無料ですが、さらに高度な機能を加えようとすると課金される仕組みは「フリーミアム・モデル」と呼ばれており、これから増えていくでしょう。英語に「タダほど高くつくランチはない」という言い回しがありますが、無料のからくりには気をつけましょう。無料だから飛びつくのではなく、なぜ無料なの？　と一度立ち止まって考えてみましょう。

もっと詳しく知りたい場合は

・「さいますみの経済／投資アイディアの作り方」（崔真淑さんブログ）
http://ameblo.jp/saimasumi033/

条件3　経済的・精神的に自立する

専業主婦になりたいあなたへ

２０１２年12月に内閣府が発表した「男女共同参画社会に関する世論調査」の結果によると、「夫は外で働き、妻は家庭を守るべきだ」という考え方に対し、賛成が51・6パーセントと反対を上回りました。賛成が反対を上回るのは、１９９７年の調査以来、15年ぶりだったそうです。特に20代の男女に「賛成」意見が多かったそうです。現実には、「夫が稼ぎ手、妻が専業主婦」というモデルは幻想になりつつある不景気な世の中だからこそ、こうした「願望」に拍車《はくしゃ》がかかるのでしょうか？　もちろん、「専業主婦になる」というのは立派な選択です。ただ、その場合にも、パートナーと死別したり、離別したりするリスク、パートナーが病気になったり、失業したりする可能性も視野に入れ、備えておくことが大切です。いざという時に、自分の足で立ち、生きていける女性、子どもを養っていける女性が理想的だと思います。それが、自分だけではなく、パートナーや子どもの選択肢を広げることにもつながるからです。これからの時代は、女性も経済的、そして精神的に自立しておきたいものです。

「専業主婦志望、よいと思います。ただし、男性の収入も減っていますから、覚悟をもって家のことをきちんとやる、それが自分の仕事だ、というくらいでないと、主婦にしてもらえない時代です」
（経済誌記者　治部《じぶ》れんげさん）

現在、経済誌の編集者として、そして４歳の男の子と１歳の女の子のお母さんとして、多忙な日々を送っている治部れんげさん。独身時代は、〆切に間に合わなければ、食事の時間も惜《お》しんで夜でも休日でも仕事をしていたそうです。ご自身を含め、出産する前は「男性以上にガンガン」働いていたワーキング・マザーが口を揃えて言うのが、「育児に比べたら、仕事で徹夜する方がずっとずっと楽だ！」。仕事に忙殺《ぼうさつ》される毎日を経験していたのに、「都会のマンションで、産まれたばかりの赤ちゃんの世話を自分一人でやるのは大変なことでした。私の場合、夫が家事も育児もよくやるので、負担は普通の人の半分くらいでしたが、それでも大変！」というのが治部さんの感想です。

専業主婦の仕事は、「自分で自分の身の回りのことができない赤ちゃんの世話を24時間やりながら、赤ちゃん以外の家族＝夫の世話もすること」。それだけではなく、「夫の収入だけでいかに家計をやりくりするか」という技量も問われます。専業主婦のインタビューを数多く行ってきた治部さんによると、「『きちんと家計簿をつけている』『夫に毎日お弁当と水筒を持たせて、シャワーは夫婦で一緒に浴びて水道代を節約している』『夫の金遣いが荒いから、深夜コンビニで働いて子どもの塾代を稼いでいる』という人もいました」。なるほど、「働きたくないからラクそうだから主婦になりたい……」という発想で専業主婦の道を選ぶのは厳しそうです。

もう一つ知っていただきたいのは、家事・育児が単なる「愛の奉仕」ではなく、国の根幹《こんかん》を下支えする大切な、価値のある仕事だということです。夫の衣食住を担当することは、現在の日本の労働力・人的資本を支えていることを意味します。育児は、次世代の人材・労働人口の育成という意味も持つわけです。労働に対して金銭的な報酬がないので軽視されがちですが、家事・育児は、家庭内においては家族の幸せや健康を支え、さらに国全体の経済や社会にも貢献する立派な労働です。

専業主婦を一つのキャリア・チョイスだと捉《とら》えれば、治部さんが言うように「料理や掃除、洗濯といった家事や、子どもを育てることが心から好きで、贅沢をしたいと思わず、夫の収入が多くなくても、上手くやりくりしていけるという自信がある」「夫が何らかの理由で働けなくなった、死別・離別した時に備え、リスク管理ができる」という条件をクリアした人に適した選択だと言えるでしょう。

「税金や年金の仕組みは、『会社員の夫、専業主婦の妻』を前提としたモデルから、『夫婦共働き』に変わっていくでしょう」
（治部さん）

治部さんは、日本経済がかつてのような成長率や勢いを再び経験することはないと予測し、「日本政府の財政をわかりやすく家計にたとえると、月収40万円なのに毎月78万円も使っているような状況です。毎月38万円も借金をしたうえ、ローン残高が7000万円以上。家庭ならとっくに破産です。たとえば、学習院大学の鈴木亘《わたる》教授の試算によれば、厚生年金の財源は2033年、国民年金の積立金は2037年に枯渇《こかつ》(=なくなる)します」と言います。それだけではありません。「大和総研の是枝俊悟《これえだしゅんご》さんの試算によると、(直近の税制改革を踏まえると)専業主婦家庭の手取り収入も大きく減っていくことがわかります」とも指摘しています。ちょっとびっくりするような試算ですね。

今の日本の経済状況や世界の動きを考えると、専業主婦を優遇した「配偶者控除」は、遅かれ早かれ廃止されるだろうと治部さんは予測します。経済産業省も、「女性と経済」をテーマにした審議会を重ね「ダブルインカム・ツーキッズ」(夫婦共働き・子ども二人)を新たな標準モデルとして打ち出すようになりました。そうした政策的な動きも、将来を考えるにあたって、押さえておきたいものですね。

「これからは、夫にも家事や育児をやってもらうのが当たり前になってきます。『仕事も家庭も楽しむこと』が今よりも現実的になりますよ」
（治部さん）

「男性稼ぎ手モデル」は、これからの日本の経済状況を考えると、男性にとって大きな重圧になりかねません。「夫婦共働きモデル」が一般化すれば、多くの男性がこのプレッシャーから解放されるでしょう。「やりたくない仕事をお金のためだけに続けるのではなく、多少収入はダウンしても、より、やりがいを感じられる仕事に変わる可能性も出てきます」と治部さんは指摘します。

一方、女性は「働き続けなくてはいけない」責任が出てくるので大変に感じるかもしれませんが、仕事が楽しくなってきた時に出産・育児を迎え、それに伴う制約や責任をすべて受け入れ、一人で頑張る必要はなくなります。

夫一人の収入で生計を維持できるような高収入家庭でも、妻が結婚・出産後に働き続けることがますます当たり前になる、と治部さんは話します。「日本の市場が縮小する中で子どもの将来を考えるとなると、教育費もこれまでのように、国公立学校と私立学校という枠組みだけでなく、海外留学も視野に入ってくるので増える可能性もあるのです」と治部さん。子どもの教育は一つの例ですが、夫婦のライフ・スタイルや、子どもたちの将来の選択肢を広げるという意味でも、夫婦共働きが一般的なチョイスになっていくのではないでしょうか。

「いろいろな夫婦にインタビューしていると、『イクメンは安くない』ことがわかります」（治部さん）

治部さんのパートナーは、大学で経済学を教えるエコノミストです。それぞれプロフェッショナルとして活躍しながら、家庭では家事・育児を協力して行っているとのこと。ご自身の経験も踏まえて、『ふたりの子育てルール「ありがとう」の一言から始まるいい関係』（ＰＨＰ研究所）という著書を出版されました。講演先の大学では、「どうやったらよいパートナーを見つけられますか？」という質問を投げかけられることもあるそうです。

「『なんでも決めてくれて、リードしてくれる人』が好きなのか、『自分がリーダーシップを取って、相手がついてきてくれる』状態が好ましいのか、それとも『その都度《つど》話し合う関係』が望ましいのか。短期的に付き合う相手と長期的に人生をともにする相手とでは、求める要素が違ってくると思います」と治部さん。完璧にかみ合うパートナーを見つけるのは至難《しなん》の業《わざ》ですが、「自分は何を選び、何を選ばなかったのか、自分自身が納得できること」が気持ちのいい共同生活につながると言います。

理想のパートナー像として、育児をする男性＝イクメンが話題になっています。

優しいし、妻の仕事のサポートもしてくれるので、一見、よさそうです。ところが、治部さんによると「単に優しい男性を探していても、イクメンに出会うのは難しい」。いろいろな夫婦に話を聴くと、女性が出産後もそれまでと同じように仕事を続けられるような夫婦関係をみると、女性の収入も相当高かったり、一時的に女性が男性を養っているケースが多いそうなのです。また、家事と育児を、責任感を持って担《にな》ってもらうためには、妻が説得したり、交渉しなければならない時もあります。男性からみて「かわいい女性」を貫くのは難しいかもしれません。

「これからの時代は、男性も女性も、自分の人生をどうしたいのか、主体的に考え、若いうちから自分なりの価値観を持つことが、これまで以上に大事になると思います」と治部さんは指摘します。「子どもを育てながら続けやすい職種・就職先・雇用形態」や「家族の時間も大事にしながら楽しめる職種・就職先・雇用形態」と「誰もがうらやましがるかっこいい職種・就職先・雇用形態」は異なるかもしれません。「人生」という長期的な視点で、仕事、結婚、出産、育児をとらえ、クリティカル・シンキングのスキルを使いながら、その時々に合った選択をすることがあなたにとっての満足感や幸福感につながるのではないでしょうか。

もっと詳しく知りたい場合は
・『ふたりの子育てルール「ありがとう」の一言から始まるいい関係』治部れんげ著（ＰＨＰ研究所）
・『いまこそ考えたい　生活保障のしくみ』大沢真理著（岩波書店）

条件４

政治に興味を持ち、参加する

政治はあなたの生活と未来の選択肢を左右する

毎日、目にするテレビや新聞の政治ニュース。舞台は永田町で、登場人物のほとんどはスーツ姿のおじさんたち。私たちの日常生活とはかけ離れた、別世界の話のような気がしますね。でも、国会で決まることは、あなたや私の日々の生活や、将来のライフ・チョイスにまで影響を及ぼします。政治を運営しているのは約9割が男性（2013年現在、衆議院が約92パーセント、参議院が約82パーセント）ですが、投票する権利を持つ有権者の半分強を、じつは女性が占めています。今の日本が働く女性や子育て中のお母さんに優しくないのだとすれば、それは、有権者の半分以上を占めると言われる女性たちの政治意識が低いからである……とも言えないでしょうか。

日本は「議会制民主主義」という政治システムを採用しています。国民が選挙で選んだ代表で構成される議会の話し合いに基づいて政治を運営し、それによって、「国民の合意による政治」を実現しようというシステムです。国民一人ひとりの思いを代表者である議員に託すわけです。国だけではなく、都道府県と市区町村にも議会があり、選挙で選ばれた代表者が集まります。法律や条例をつくったり、改正したり、廃止すること、予算案を審議し承認するのが大切な仕事です。

議会で決めることは、国民一人ひとりの生活や人生に深く影響します。だからこそ、決定事項には国民の意思が反映されるよう最大限の努力をしなければなりません。それが民主主義を機能させるための鉄則です。ところが、日本の場合、国民の半分以上を占める女性の代表者は、１割前後。国会に占める女性の割合は、世界で122位（2013年現在）、先進国では最下位です。約９割が男性という国会で、バランスのとれた、そして社会の実状に合った話し合いや決定をすることができるのでしょうか？

たとえば、日本では今これだけ「女性の活用」が叫ばれているのに、女性が出産・子育てしながら働き続けるために必要な保育所や学童保育の増設といった環境整備は遅々として進みません。どうしてでしょうか？「保育所の増設は優先課題である」という意識を持った議員が少ないから？働きながら子どもを育てた経験のある人が少なくて、実状がわかっていないから？　「重要です」とは言ってみても、実際に「予算をつけるか」というと、そこまで熱心な人は少ないから？　女性がリプロダクティブ・ライツを行使するための手段である低用量ピルの認可に時間がかかったのはなぜ？　選択性夫婦別姓制度の審議はなぜ進まないのでしょう？女性に関連する政策課題の優先順位が低かったり、あらゆる政策に女性のニーズや意見が充分に反映されないのは、代表者（議員）の構成と関係していると考えるのが自然だと思います。とくに、これからの時代は、夫婦共働きが主流になります。男性も女性も働きながら、子どもを持ち、家庭生活を営めるような環境整備が急務です。家庭と仕事の両立に苦心した経験がなく、一日24時間を仕事に捧げることができる人だけで国の形を決めていけば、ますます生活者の感覚や社会の実状とかけ離れてしまいます。

また、政治が「男の世界」で、「遠くにあるもの」なので、女性自身が政治に関して当事者意識を持ってこなかったのではないかとも思います。選挙の時、自分の中で明確な基準を持って候補者をチェックし、誰に投票するかを決めているでしょうか？　自分の選挙区の代表者が議会でどんな仕事をしているのか、民意を反映する努力をしているかどうかを見届けているでしょうか？　自分たちが納めた税金がどのように使われているのか、関心を持っているでしょうか？　これらはすべて、民主主義社会に生きる市民の役目であり、責任でもあります。まず、そういう意識を持つことが、より暮らしやすく、未来に希望の持てる社会をつくるための第一歩だと思います。政治の動きをしっかりと注視し、投票行動や代表者への働きかけによって声を上げていくことで、より生きやすく、働きやすく、子どもを育てやすい社会を創っていきましょう。

女性が政治に参画することで、大きく変わった例を一つだけ紹介しましょう。私の中学時代のカリキュラムと、今のカリキュラムの決定的な違いの一つは「家庭科」のあり方です。今は、生活基本学習としての家庭科を男子と女子が同じカリキュラムで学んでいます。私が中学の時は、女子は「家庭科」として調理・被服を、男子は「技術科」として電気・機械を学んでいたのです。性別役割分担を強調するカリキュラムです。そこで、１９７４年には「家庭科の男女共修をすすめる会」が発足します。また、１９８０年代には国連女子差別撤廃条約を批准するために日本政府が男女共修に取り組みだし、１９９３年に中学校での家庭科の男女共修が実現したのです。

「私たちが当たり前と思っている女性参政権。かつて、それを手に入れるために闘った女性たちがいたのです」
（市川房枝記念会女性と政治センター　目黒依子《よりこ》理事長）

日本では、１８８９年に一定の納税ができる25歳以上の男性に選挙権が与えられました。その後、１９２８年に「普通選挙」が実施されましたが、選挙権を与えられたのは25歳以上の男性のみ。日本の女性が参政権を得たのは、第二次世界大戦後の１９４５年です。１９４６年の戦後最初の総選挙では女性議員39名が誕生しました。日本の女性が参政権を得るまでの道のりについて、市川房枝記念会女性と政治センターの目黒依子理事長に聞きました。

「活動家・政治家として、女性の地位向上、民主主義の確立、平和の定着に生涯をかけて全力を尽くしたのが市川房枝です。彼女の活動のキーワードは〝婦選は鍵なり〟。女性参政権の獲得に向けた運動でリーダーシップを発揮しました。市川房枝が生まれたのは、1893年。愛知県の農家の三女でした。女子師範学校を出たあと、新聞記者を経て女性団体を立ち上げます。市川は、アメリカで女性参政権が確立された1920年の翌年、労働組合運動と女性運動を視察するため渡米し、女性参政権運動のリーダーであったアリス・ポールから婦選運動に専念するよう勧められるなど、2年半の滞米生活から大きな影響を受けたようです。帰国後、アメリカで体験した自由主義思想、そして議会制民主主義という政治システムを日本でも実現させるべく、アメリカで得た教訓を踏まえて運動を開始します。彼女の女性参政権獲得運動のベースには、女性が男性と同等に社会の方針を決められるような仕組みをつくること、そのために女性の意識を啓発することが民主主義の基礎だという考えがあったことが見て取れます。当時、日本で活動していたすべての女性団体を団結させ、1924年末に婦人参政権獲得期成同盟会を結成しました。異なる問題に取り組む女性団体を『女性参政権の獲得』という大きな共通目標の下に結集し、意見の相違はあっても、連帯して運動することで、政府に対してより大きなプレッシャーをかけていこうという戦術です。これは、アメリカの女性参政権獲得運動が世界で最も早く始まったにもかかわらず、社会階層やイデオロギーの違いから、女性参政権獲得に70年あまりかかったという教訓を生かしたものでした。市川はこの『団結・連帯』の運動スタイルを貫きます。これは、さまざまな種類やバラバラになっている力を繋ぐことで大きな力に変えるという、極めて効率的な目標達成型の戦術だと思います。

1928年の普通選挙実施と時を同じくして制定されたのが、治安維持法。この頃、日本は軍国主義への道を歩み始め、政治的信条の自由や運動の自由が弾圧されるようになりました。そんな世情にもかかわらず、市川たちは自由主義に根差した政治信条を以下のように表し、団体間の協力と政党に対する中立性、女性としての独自の立場をとることを明記しました。

婦選獲得同盟（１９３０年会合）宣言

①婦人及子供に不利になる法律制度を改廃しこれが福利を増進せんが為に
②政治と台所の関係を密接ならしめ国民生活の安定を計ると共に其の自由幸福を増進せんが為に
③選挙を革正し、政治を清浄、公正なる国民の政治となさんが為に
④世界の平和を確保し、全人類の幸福を増進せんが為に

思想弾圧が激化し始めていた当時、このような声明を発表すること自体、命がけです。とてつもない勇気です。その後、取り締まる空気が厳しくなるにつれ、女性の地位向上運動を絶やさぬため、軍国政府に協力しなければならない局面もあった

とされています」

終戦後、ようやく女性参政権が実現しました。1946年に行われた総選挙では、新しい権利を手にした女性たちが投票に行き、高い投票率を記録しました。結果として、39名の女性議員が誕生したのです。それ以降の選挙では女性の議員は減少し、第1回選挙の女性当選者数を上回るのは、実に2005年9月の総選挙まで待たねばなりませんでした。「市川は、戦時中に軍国政府に協力したという理由で公職に就けない時期がありましたが、それが解除されるとすぐに政治団体を組織し、運動を再開します。自身の参議院選挙への出馬も理想選挙〝出たい人より出したい人を〟の実践であり、議員として政治・選挙の浄化に活躍しました」と目黒さん。

市川房枝の政治家としての最後の大仕事は、国連女子差別撤廃条約の批准に向けての取り組みだったそうです。この条約は1979年の国連総会で採択されました。「市川は、日本政府がこの条約に署名し、批准するよう、国際婦人年連絡会（国内48団体）を連帯させて働きかけたのです。ところが、日本政府の当初の姿勢は後ろ向きでした。批准するためには、日本国内の法律をいろいろと改正しなければならないからです」と目黒さん。連絡会は、１９８０年の第2回世界女性会議（コペンハーゲン）で日本政府が署名することを目指し、粘り強い運動を展開したのです。政府は最後まで「署名しない」という立場をとっていましたが、「市川が署名に反対の大臣のところに出向き、なぜ今、日本がこの条約を批准すべきなのかという説明をし、やっと閣議決定にこぎつけ、どうにか女性会議での署名に間に合ったという逸話が残っています」と目黒さんは市川房枝が果たした決定的な役割を重視します。１９８０年に署名した後、国内の法改正（家庭科の男女共修の実施、雇用機会均等法の制定、戸籍法の一部改正）を進め、１９８６年に日本政府は晴れて国連女子差別撤廃条約を批准しました。これが、戦前から戦後まで一貫して日本の女性の地位向上に取り組んだ、市川房枝の生涯の運動の締めくくりでした。

「自由に意見が言える時代。自由に政治に参加できる時代です。自分が持つ『権利』の意味をよく考え、それを正当に行使する努力をする責任があります」
（目黒さん）

自由な発言が弾圧され、命さえ奪われかねない時代に、市川房枝をはじめ、たくさんの人たちが、女性参政権を求める運動を展開していました。「男女平等の理念は、ＧＨＱ（連合国軍総司令部）が草案した今の日本国憲法で初めて法制化されたのですが、そこに至るまでには日本国内のたくさんの女性と男性が声を上げ、闘った歴史があるのです」と目黒さんは強調します。世界的に見ても、19世紀にヨーロッパ諸国を中心に女性の尊厳の確立と参政権の獲得を目指してたくさんの運動が起きました。世界各地で、血のにじむような努力を経て、女性の人権と政治参加の権利が獲得されていったのです。今、この瞬間にも、地球上では、政治に参加する権利を求めたり、行使しようとして、血を流し、抹殺されている男女がたくさんいます。

「権利を持っている人が、それを行使しないのであれば、行使しないことによって起こるいかなる結果も、その人自身の責任です。権利を正当に行使しようという意識を持たない人は、自分の人権を自ら捨てているようなものです。もっと言えば、政治に関心を持たないことは、自分が生きることに対して関心を持たないのと同じことではないでしょうか」と目黒さんは指摘します。市川房枝たちが参政権獲得に向けて運動していた時代とは違い、今の日本はどんな発言をしようと自由です。政府を批判して逮捕されるということもありません。「しかし」と目黒さんは言います。「その自由を謳歌し続けたいのなら、自分たちの社会の仕組みをつくる『政治』に目を向けなければなりません。あなたが選挙権を持った時、何を基準にして投票しますか？　その基準を持つためには、世界や日本の仕組みがどうなっているかを常々勉強しておかなければいけません。毎日の生活の中でも、『これはなぜこうなの?』『何かおかしいな』と思うことがあったら、その都度、自分で調べたり、確認したりする習慣を身につけることも大切です。そうすることで、自分の権利を正当に行使するために必要な知識が自然と身についてくるはずです」

たとえば、「最近、ゴミの分別のルールが変わったけど、何でだろう?」とか、「ゴミ収集のための予算はどうやって決まるんだろう?」「どんなところにいくらの予算がつくか、誰がどうやって決めているんだろう?」「議会で決まったことは、議場の大多数を占めるような男性だけではなく、女性、子ども、高齢者、障害者など、地域の生活者みんなにとってよい結果を招いているのだろうか?」「そもそも、女性の政治家がこんなに少ないのはなぜ?」といった素朴な疑問から、「政治」について考えてみる。目黒さんの提案です。

「公共の方針決定の場には、女性も男性と対等な立場で参画することが、社会の発展にとって欠かせません」

（目黒さん）

健康、雇用、教育、子育て、貿易、交通、防災……ありとあらゆる、生活に直結するような仕組みについて方針決定をするのが代表者（議員）の仕事です。民意を反映させながら、的確な方針決定ができるような人を選ばないと、議会制民主主義は成り立ちません。「有権者が選んだ『代表者』がよい仕事をしているのかどうかをつねに監視するのも有権者の責任ですよ」と目黒さんは言います。「近代国家は、『市民国家』ですが、日本では肝心の市民が育成されていないのではないか？と思うこともあります。形としては議会制民主主義を取っていても、権利が与えられているだけで、義務・責任については徹底されていない。自分たちが選んだ代表者たちによる政治の責任は自分たちでとる、つまり、成果がよくないと思ったら修正していくということを積極的に呼びかけていくこと」、それが真の意味での市民の義務・責任だと目黒さんは強調していました。

「女性が皆、『お上（政府）がやってくれる』『誰かが答えを出してくれる』という意識を持っていては、政治は変わりません」と目黒さんが言うとおり、有権者の半分を占める女性一人ひとりが当事者意識を持ち、政治における権利を行使しつつ、義務を果たしていかなければなりません。２０１２年11月のアメリカ大統領選挙では、接戦と言われながらもオバマ大統領が再選されました。最近では有権者の4分の1を「独身女性」が占めているそうです。だから、女性票の動向は選挙結果に大きな影響を与えます。今回の選挙では、リプロダクティブ・ライツと同一労働同一賃金という2つの政策課題に積極的に取り組む姿勢を示したオバマ大統領が女性有権者の7割の票を摑んだと言われています。同時に行われた上院議員選挙でも、「レイプでは妊娠しない」といった発言をして女性たちが猛反発した共和党の候補は落選しました。女性有権者は、女性にとって影響の大きい政策課題や女性の人権に対する両候補者の姿勢を吟味して、投票したのだと言えます。
より多くの女性たちが政治に関心を持ち、主体的に関わることで、生きやすく活気のある社会をつくっていくことができるのではないでしょうか。あなたが選挙権を手にした時には、「権利の上に眠る」ことなく、正当に行使してくださいね。

もっと詳しく知りたい場合は

・財団法人　市川房枝記念会女性と政治センター
http://www.ichikawa-fusae.or.jp/
・『女性は政治とどう向き合ってきたか』伊藤康子、進藤久美子、菅原和子著〈財〉市川房枝記念会）

条件5

繋がるチカラを身につける

ひとりで悩まないようにする

「主体的に生きること＝自己責任で、自分だけの力で生きること」ではありません。人生の選択で迷った時、問題を解決しなければならない時、世の中で一番不幸で孤独なのは自分だと思った時。そういう時には自分以外の人と繋がればよいのです。周囲に相談したり、気持ちを打ち明けたりできる相手がいないと思うかもしれません。でも、世界は広いのです。まだ出会っていないだけで、世の中にはたくさんの先輩、仲間（気が合うだろう人）、専門家がいます。困った時、一人だなと感じた時、知りたいことや好奇心が湧《わ》いてきた時に、いろいろな人と繋がれるチカラをつけておきましょう。

産婦人科医の吉田穂波さんは、「受援力《じゅえんりょく》」の大切さを提唱しています。吉田さんの東日本大震災の被災地でのボランティア活動の経験から出てきた言葉です。大切な家族を亡くしたり、家や車を流されてしまったり、本当に大変な思いをしているはずなのに、遠慮の気持ちからか「大丈夫です」「問題ないです」と答える女性が多かったそうです。つらい気持ちを自分の内にとどめて、毎日頑張っても、無理が重なると心と身体を壊してしまいます。もしかしたら、あなたも小さいころから「他の人に迷惑をかけてはいけません」と言われて育ったかもしれません。でも、「迷惑をかける」ことと、「助け・応援を求める」ことは違います。困ったことや、自分だけでは解決できそうもない問題に直面したら誰かに相談する。助けを求める。それも生きるチカラの一つです。

女性には繋がるチカラが元々備わっているのかなと思うことがあります。UNDPにいた時に、カンボジアでマイクロ・ファイナンス[*9]（小規模融資）のプロジェクトを担当しました。村を訪ねてみると、借り手のほとんどが女性です。男性も融資を受けられるのですが、ほとんど来ないというのです。なぜ？　と聞いてみると、初回の融資の条件の一つが「連帯責任制度」だからとのことでした。女性は抵抗なく仲間を探すそうなのですが、男性はあまり積極的ではないのだそうです。確かに女性の井戸端会議は洋の東西を問わず盛んですし、日本でも年齢を問わず、皆「女子会」が大好き。女性がコミュニティづくりを得意とするのは万国共通のようです。正式な制度が男性中心でできていても、女性たちは連帯することであらゆる問題を乗り越えてきました。実際、世界の多くの平和運動は、女性や兵士のお母さんたちが始めたものです。

私自身も、これからの時代の子育てや教育についてビジョンを共にする仲間たちとグローバル・ママ・ネットワークを立ち上げました。一人では解決できない問題も、知恵を出し合い、それぞれの立ち位置でアクションを起こすことで、少しずつ解決していくことができます。また、自分の子どもだけがよければいいという発想は捨てて、すべての子どもたちにとってよりよい育みの環境を創っていくことを目標に掲げています。私一人が大声で叫んでも物事は変わりませんが、志を同じくする仲間と連帯し、声を上げ、行動を起こしていくことで、少しずつ世の中が変わっていくと信じています。

家庭と学校だけでは息がつまってしまうこともあります。そんな時は、自分の興味のあることや、将来チャレンジしてみたいことなど、何か共通点を持てるネットワークに参加してみるのはどうでしょうか？　家族や先生や友達という濃い人間関係とは別に、「緩いつながり」を持っておくと、あなたの世界も広がるし、悩みがある時の相談相手が増えます。年代を超えた友人やメンターに出会うことができるでしょう。たとえば、あなたが関心を持っているテーマで活動しているNGOやボランティア・グループに参加するのはどうでしょうか？　最寄りの自治体に行けば、地域の活動グループのリストを見せてもらえるはずです。国際協力の領域なら、国際協力NGOセンターのウェブサイト（http://www.janic.org/）に全国のNGOのディレクトリーが出ています。私が理事を務めているプラン・ジャパンには「G-SChool」という学生グループがあり（http://www.plan-japan.org/join/youth/）、勉強会や同世代に向けた途上国問題の情報発信を行っています。

繋がる相手は「実在の人物」とは限りません。私もこれまで生きてきた中で、つらい時期も多々ありましたが、その度にたくさんの本に救われてきました。若い時は、「こんなにつらい経験をしているのは、世界中で私だけに違いない！」と思っていたのですが、ある時気がついたのです。

「私と同じような経験をし、それを乗り越えた人は、人類の長い歴史の中にたくさんいたはずなのだ！　今現在だって、地球上には69億人もの人がいるのだから、同じような状況に陥っている人は必ずいる！」

それ以来、逆境に立たされる度に、自分が抱えている問題と共通するテーマを扱った文学作品や、逆境を切り抜けた人たちの伝記やノンフィクションを読み、勇気づけられています。あなたもぜひ、つらい時には先人たちが残してくれた知恵やメッセージに触れてみてください。

相談できるところ

・「社会的包摂サポートセンター　よりそいホットライン」
電話：０１２０‐２７９‐３３８〈24時間通話料無料〉
http://279338.jp/yorisoi/
ＤＶ、健康、いじめ、性的虐待、家族の悩み、金銭的な問題など

・「ＢＯＮＤプロジェクト　リンリンRing!プロジェクト」
電話：０７０‐５５９４‐１９１３〈毎週水・土22：00～翌朝５：00〉
10代、20代の生きづらさを抱える女の子のためのホットライン。メール相談もあり。http://bondproject.jp/

ボランティア・サークル

・「プラン・アカデミー」（プラン・ジャパン主催のプログラム）
ジェンダーについて理解を深め、「知って」、「行動」することを目的とした通年の連続講座

メンタリング

・「グローバル・ママ・ネットワーク」

http://global-moms.iwcj.org/

グローバルな視点での子育てと教育を考える親のネットワーク。筆者、吉田穂波さん、萱谷明子さん、狩野みきさん、治部れんげさんがコアメンバーとして活動中。2013年には大学生向けのライフ&キャリアデザイン・プログラムも開始する予定

第5章

Because I am a Girl
女性は世界を変えられる

社会のあり方を変えよう

世界中であらゆるプロジェクトに関わる中で、国際社会が掲げる目標にはほど遠い現状に途方に暮れる思いをしたこともよくありました。しかし、どんなに女性に対する差別が激しいところにも、「女性や女の子の尊厳《そんげん》を軽視し、生き方を押さえつけるような『伝統』や『文化』はおかしい」と声をあげ、「社会の仕組みを変えたい」「女の子や女性が生きる力を身につけられるようにしたい」と活動する人たちがいました。女性の中にも、男性の中にもです。そうした人たちをサポートすることが私の仕事でしたが、国の形や税金の使い道を決める国会議員から、草の根で活動する村の女性組合の会員まで、情熱に溢れた人たちと接することで、私もとても勇気づけられました。

現地の人たちの「変えよう」という努力の末に状況が改善された国や地域もたくさんあります。２０１２年のロンドン・オリンピックは、「史上初めて、すべての国から女性の選手が出場したオリンピック」と報道されました。これまで女性の選手を送りだしたことのなかったサウジアラビアからは、初めて女子柔道の選手を出場させたのです。「人前で髪の毛や肌を見せてはいけない」というイスラム教の戒《かい》律《りつ》を守り、全身を覆《おお》っての出場でした。一回戦で惜しくも敗退してしまいましたが、この選手とサウジアラビアに敬意を表して会場の人たちは大きな拍手を送っていました。このように、価値観は時代によって変わります。国の内側から変化が起こる場合もあるし、国際社会の動向に合わせて変化が起きることもあります。

国際社会にも新しい動きがあります。女性のエンパワーメントが次世代、そして家庭から地域に波及効果をもたらすことがわかり、女性への支援を「弱い立場の女性を助ける手立て」ではなく、「開発の効率と持続性を高めるための『賢い投資』」と捉える気運が出てきたのです。女性たちは、家族の世話を担当するケア労働の担い手として、家族の幸せと命を守っています。女性支援に力を入れると、コミュニティ全体の生活水準を向上させることができるというのです。たとえば、お母さんが中学校相当の教育を受けていると、低年齢での危険な出産や多産多死を防ぐことができ、5歳未満の子どもを死なせてしまう確率も低くなることがわかっています。また、女性は自分の収入を家族のために使う傾向があるので、女性の経済力が向上すると家族や地域の貧困も改善されます。女性への投資=将来に向けた賢い投資というアプローチは、とても前向きな気運だと思います。

「Because I am a Girl〜世界の女の子に、生きていく力を〜」というキャンペーンを知っていますか？　プラン・インターナショナルという国際NGOが世界的に展開しているキャンペーンです。日本国内でも、プラン・ジャパンが日本国内でキャンペーンを行っています。

その一環《いっかん》で、2011年2月に「Invest in Me! 女の子の教育が世界を変える！」というシンポジウムが開催されました。マリ、パキスタン、エルサルバドルから、女の子ゆえの激しい差別を受けながらも、プランによる支援で苦難を乗り越え、自立し、今では自分の経験を語りながら、社会の仕組みや人々の意識を変えるべく奔《ほん》走《そう》している若い女性（ガールズ）が来日し、とても力強いメッセージを発信してくれました。児童婚、暴力、児童労働、難民キャンプでの生活……彼女たちのライフ・ストーリーはどれも衝撃的です。しかし、彼女たちが自分の人間としての権利を知り、教育を受け、自立し、さらには「女の子だからと差別されるのは間違っている」と立ちあがり、日本までやってきた彼女たちの姿に、私を含め会場の人たちは圧倒されていました。ガールズたちは、シンポジウムの１週間前に来日し、同年代の日本の学生ボランティアと共に「東京の日常」を視察して歩きました。シンポジウムでは見聞録《けんぶんろく》を発表してくれました。

○路上などの公共の場に、生活のために物乞いや物売りをする子どもがいないのでびっくりした

○バスや電車では皆携帯電話を見ていて、人が目を合わさない。家族や人間関係の希薄さを感じた。インターネットではなく、顔を突き合わせないとジェンダ

ーのようなデリケートな問題は話し合えないのではないか

〈区役所を訪問し、ＤＶ対策について話を聞いて〉

○被害者のためのシェルター・システムでは、日本人だけではなく外国人も受け入れていると聞いて感動した。エルサルバドルにはそうした支援がない

○加害者の男性に対する確固たる罰則がないと聞いてびっくりした。男性を訴えられないのは問題だ

○被害者に対するシステムは整っているのに、暴力を未然に防ぐキャンペーンが不十分と聞いた。それは大きな課題だろう

〈渋谷、秋葉原を歩いてみて〉

○女の子の露出のあるファッションにびっくりした。保護者が許しているとは信じがたい

○児童ポルノが氾濫しているように見えた。道で客引きをしている女性は、児童ポルノの漫画に出てくる幼女のような格好をしていた。秋葉原は最新の文化の中心なのに、規制する法律がないと聞いてびっくりした

○パキスタンにはメイド喫茶のように女性が男性に奉仕《ほうし》する店は無い。女性たちがそんな形態の店を容認しないだろう。主従《しゅじゅう》関係的なものがＤＶを助長するのではないかと思う

○メイドさんたちと「黒ひげゲーム」をして遊んだ。楽しかったが、あれは子どもの遊び。大人はしない。日本の男性は疲れているので、癒しを求めに来ているのだろうか

○日本の女性は生き生きと仕事をしている。私たちもパキスタンの発展のためにがんばりたい

○政策決定の場では女性の声も少ないが、子どもの発言権もないようだ。マリでは「子どもの権利条約」の精神の下に設置された「子ども議会」があり、政策提言を行っている

いかがでしょうか？「当たり前の日常」を客観的な視点から捉えなおすと、また違った風景が見えてくるような気がします。ガールズたちは、過酷な状況に立ち

向かい、自らの尊厳《そんげん》を確立し直した女性たちだけに、人権やジェンダーに関してとても鋭い感覚を持っていると思いました。「日本に女性差別はない」と思っていたボランティアの学生たちは大きな衝撃を受けたようです。

来日したガールズたちが最後に「いろいろな国で女の子は同じような問題を抱えていることがわかった。協力したらきっと良い解決策を見つけられると思う。連帯して社会の仕組みを変え、問題を解決していきましょう」と訴えかけると、日本の学生たちも、「固定観念を疑いながら、自ら行動を起こしていかなければならないと思った」と応じていました。

国連でジェンダーの仕事をしていた時、「女性の連帯」（women's solidarity）という言葉がよく使われていました。同じ問題に直面している者同士、協力しながら世界を変えていこう！　という合言葉のようなものです。住む場所や文化的な背景は違っても、女性や女の子が直面する問題やハードルにはたくさんの共通項があります。たとえば、過酷な家事労働、雇用面での差別、暴力、意思決定への参画の欠《けつ》如《じょ》。次世代の女の子や、これから生まれてくる女の子たちのために、知恵や経験を共有しながら、世界の仕組みを変えていこうという女性同士の連帯意識です。

プラン・ジャパンの試みは日本の若い女性たちが「途上国の女の子たちの境遇を知る」だけではなく、自分たちが住む社会の問題点にも気づき、共通の問題については国境を越えて一緒に声を上げ、行動しようという連帯感を深める良い機会になったと思います。こうした動きがさらに広がっていけばよいなと心から思います。

では、実際日本では、どのような女性差別があるのでしょうか？

ガールズの指摘は決して的外れではありません。多くの指摘が、国連女子差別撤廃委員会の勧告と重なっています。日本はこの国連女子差別撤廃条約を１９８５年に批准《ひじゅん》しました。締約国《ていやくこく》は、自国の法律や制度・政策にこの条約を適用する責務を負いますが、その進捗状況を確認すべく、５年に１度、委員会の審査を受けることになっています。日本はすでに６回、審査の対象になっています。一番最近の審議は２００９年７月に行われました。勧告内容の主要ポイントは、以下の通りです。

①民法における差別的な法規定の改正の要請

・「婚姻最低年齢」（男性18歳、女性16歳）を男女共に18歳にすること
・「離婚後の女性の再婚禁止期間」を廃止すること
・「選択的夫婦別姓制度」を採用すること

②性暴力犯罪の刑法上の取り扱いについての勧告

・性暴力犯罪を被害者の告訴を訴追要件《そついようけん》とする規定を刑法から削除することを要請
・身体の安全及び一体性への女性の権利を侵害する犯罪として性暴力を定義すること
・強かん罪の刑罰を引き上げることを要請
・近親かんを犯罪として規定することを要請

③ステレオタイプ（固定的性別役割分担意識）についての勧告

・メディアや広告におけるポルノや性的対象文化とたたかう戦略を強化するとともに、次回定期報告にその実施結果を盛り込むことを強く要請する
・自主規制の採用や実施の奨励などを通じて、メディアの作品や報道が性差別的でなく、少女や女性のポジティブなイメージを促進することを確保し、メディア界の経営者やその他の業界関係者の間でこうした問題に関する意識を高めるために積極的な措置をとるよう、強くもとめる

④若い女性の健康の問題についての勧告

・思春期の男女を対象とした性の健康に関する教育を推進することを勧告
・性の健康に関する情報やあらゆるサービスに対してすべての女性や女児のアクセスを確保することを勧告
・人工妊娠中絶を受ける女性に刑罰を科《か》す規定を削除するため、できる限り人工妊娠中絶を犯罪とする法令を改正するように勧告する

⑤雇用についての勧告

・労働市場における女性の、男性との事実上の平等の実現を優先課題とすることを強く要請する

・垂直・水平の男女職業分離をなくし、男女の賃金格差をなくすために（中略）暫定的特別措置《ざんていてきとくべつそち》を取ること、および妊娠・出産の場合の女性への違法な解雇の慣行を防止する措置を取ることを勧告する

・男性がもっと育児休業を利用するよう奨励《しょうれい》することを強く要請する

国際基準からみると、まだまだたくさんの課題があることがわかります。男性と女性を社会で平等に位置づけること、女の子が心身ともに健康に育ち、教育を受け、自立して生きていけるようにすることが、これからの日本をより希望に満ちた国にするための第一歩ではないでしょうか？　それと同時に、一人ひとりの女の子に、日本社会の現状を知っておいてもらいたいと思います。

私の今のシゴト

ＵＮＤＰを退職して帰国してからしばらくして、二人の子どもたちを一人で育てていくことになりました。私にとっての優先順位１位は成長期にある子どもたちです。組織で働く方が社会的な信用を確保できるし、生計も安定すると思いましたが、時間に融通の効くフリーランスとして仕事をすることに決めました。日本での仕事経験は大学時代のアルバイト以外皆無《かいむ》でしたが、ＵＮＤＰ時代に一緒に仕事をした方々や、ＵＮＤＰ東京事務所とのネットワークでどうにか仕事の基盤を作ることができ、今に至ります。息子は２０１３年の秋からアメリカの大学に進学する予定なので、子育ても一段落します。娘が独り立ちするまでが残された子育ての貴重な残り時間ですが、それも長くてあと7年。それを考えると今から寂しい気持ちになりますが、私には仕事があります。若い時に出産したので、子どもたちが独立した後でもまだ体力・気力がありますから、もう一仕事できそうです。

さて、帰国当初はＵＮＤＰでの経験と直結したところで、日本の政府開発援助（ＯＤＡ）や国際協力の分野の仕事を引き受けていました。最初の仕事は、外務省がＯＤＡのジェンダー主流化政策として２００５年3月の国連女性の地位委員会で発表した「Gender and Development Initiative」の草案《そうあん》づくり。その後も、ＪＩＣＡ（国際協力機構）が招へいした途上国の行政官のジェンダー研修、国連PKOに派遣される自衛隊員のジェンダーや国連基準の研修を行ったり、大学で「開発とジェンダー」の講義を担当してきました。

ところが、２０１１年3月11日に起きた東日本大震災を機に、日本国内の仕事も増えました。皆さんご存知のように、世界各地から支援が寄せられました。オックスファム・ジャパンという国際ＮＧＯにも、日本への支援募金がたくさん集まったそうです。その団体は、通常は途上国の貧困問題に取り組んでおり、日本支部は

「(途上国を)支援する側」として活動していました。ところが、この団体には緊急支援の実績が豊富にあるため、「ぜひ、日本の支援に」と世界中から寄付金が集まったそうです。その資金を「一番、支援が手薄な部分に充てよう」ということで、支援状況を分析したところ、「女性への支援」「ジェンダー平等の観点からの支援」が手薄だということがわかったそうです。そこで、世界中から集まった資金は、妊産婦や外国人女性やシングル・マザーを含む、特別なニーズを持つ女性たちの支援や、復興や防災に女性の参画を促し、ジェンダーに配慮した啓発・提言活動のために使われることになりました。オックスファム・ジャパンからの依頼で、私も被災地の女性支援にかかわってきました。

現在、世界各地で大規模自然災害が増えていて、防災や災害時の緊急支援・復興支援は国際協力でも大きなテーマになっています。国際的な共通認識としてよく言われるのは「災害時は社会のひずみや不平等が集約化された形で顕在化《けんざいか》する」。日本も例外ではありません。被災地での支援事業にかかわる中で、その言葉が何度も頭をよぎりました。

日本は、海外での災害支援に大きな実績があります。ところが、妊産婦や乳幼児の扱い、女性の参画の促進といった点で、国際スタンダードに満たない部分があることがわかりました。たとえば、妊産婦や乳幼児の保護。国際基準では「妊婦は例外なく、要援護者《ようえんごしゃ》」とみなされ、特別な保護の対象とし、優先的に救助して特別な救護施設に移すべし、とされています。気温など、外部環境の急激な変化やストレスにより、いつ体調を崩すかわからないからです。ところが、日本では、体調の悪い妊婦のみ優先的に保護されます。それ以外の妊婦は自力で助けを求めに行かなければなりません。

また、自治体レベルで準備する備蓄品も、女性や乳幼児や高齢者のニーズを網羅《もうら》できていなかったという指摘もあります。「哺乳瓶はあっても、粉ミルクを作るためのポットが無い」「アレルギーの子どもが食べられる食品が無い」「高齢者には杖が必要」「女性用の下着はMサイズしか無かった」などなど。防災を担当している人は、健常な成人男性が多いので、想像力が働かなかったのかもしれません。避難所のプライバシーも問題になりました。間仕切りが配布されたにもかかわらず、避難所を運営するリーダー（ほとんどが男性）の「間仕切りをしたら、結束力が衰える」という鶴の一声で使われなったケースもあると報告されています。若い女性がプライバシーの無い中で着替えをしたり、眠ったりするのは大きなストレスになります。

こうした教訓を踏まえ、防災計画づくりや避難所運営を含む緊急時の対応策にもっともっと多くの女性やお母さんたちが関わり、経験や知恵を出しながら、より社会の実状に即した体制、多様な人々のニーズに対応できるような体制をつくろうという機運も出てきました。「そんなの知らなかった」「聞いていない」と文句を言うだけではなく、自ら行動を起こしていくこと、つまり社会にしっかりと参画していくことの大切さが浮き彫りになったと思います。

こうして、最近は、グローバル・スタンダードを日本の社会にも根付かせていく、国際協力の経験を日本国内の社会問題の解決にも応用する、といった仕事が増えてきました。そして、より生きやすい社会を作るためには、「女の子のエンパワーメント」と「ジェンダー平等の推進」が大切だなとひしひしと感じています。

自分のペースで人生歩んでいこう

自分の人生を主体的に生きること。そのための知恵を紹介してきました。今回、話をうかがった、さまざまな専門領域で活躍する女性たちのメッセージの根底《こんてい》にあるのは、「なにごとに対しても、つねに客観的・大局的な視点と当事者意識を持ち、自分の頭で考え、判断しよう」ということです。

そしてもう一つ。日本では「人生を考える時の時間軸を年齢によって規定する」という意識が根強く残っており、メディアでもその視点が強調されがちです。

「18歳で大学に入り、22歳で就職、30歳前後で結婚して、60歳で定年退職」といったところでしょうか。終身雇用が一般的だった時代には、このタイムラインが一番わかりやすかったのかもしれません。今や、これも一つの価値観に過ぎません。人の生き方は多様です。一人ひとり、違うペースで成長するのですから、自分だけのタイミングでキャリアやライフの選択をしていけばよいのだと思います。短期的な視点ではなく、長期的な視野で、自分の生き方を考えてください。

国連で働いていた当時、国連難民高等弁務官を務められていた緒方貞子《おがたさだこ》さんを囲む邦人職員の会に出席しました。参加者の多くが女性職員。緒方さんは女性職員にとってロール・モデル的な存在です。「女性はどうやってキャリア構築をすればよいのでしょうか？」という問いに対して、「女性は人生でいろいろなステージがある。子育てに集中する時期があってもよい。長期的なスパンでキャリアを考えるといいのでは？」と答えられていたのが印象に残っています。緒方さんが「女性が結婚した後も続けられる仕事だから」という理由で研究者の道を選ばれたのはよく知られている話です。子育てと政治学の研究を両立させながら、30代後半に大学で教鞭を取り始め、国連の場での仕事を始められたのは40代半ばです。その後の国際舞台でのご活躍ぶりはここで申し上げるまでもありません。子育て中にご自身の専門性に磨きをかけ、男性とはまた違うタイム・スパンでキャリア形成をした先行事例です。

仕事につながる出会い・機会にはいろいろなタイミングで遭遇するものです。周囲に惑わされることなく、長い時間軸で、人生で挑戦してみたいことやライフワークにしたいことを考え、自分の生き方のシナリオを描いてみてはどうでしょうか？若いうちはいくらでも軌道修正《きどうしゅうせい》がききます。これからたくさんの出会いがあり、あなたの人生に刺激的な影響を与えてくれるはずです。この本で紹介した「リテラシー」を少しずつ身につけながら、あせらず、自分のペースで歩んでください。そして、面白い生き方をしているなと思う女性がいたら、その人の著作を読んだり、講演会などに足を運んでみたりしてください。よく考えたうえでの質問を投げかけてみれば、きっとアドバイスやヒントをくれるはずです。

私も、あなたを応援しています。あなたの人生が幸せなものになりますように。
ガールズ・ブラボー！

おわりに

2012年の大晦日。ニューヨークから訃報が届きました。ベアテ・シロタ・ゴードンさんが89歳で亡くなられたのです。ベアテさんは、第二次世界大戦後にGHQ（連合国軍総司令部）の民政局のスタッフとして、日本国憲法の草案づくりに関わった女性です。憲法第14条「法の下の平等」と第24条「家庭生活における個人の尊厳と両性の平等」の条文は、ベアテさんの草案が基になっています。

私は、ニューヨークの大学院で勉強している時に、ベアテさんの講演を聴きに行きました。

ベアテさんは、少女時代の10年間を日本で過ごしました。日本人のお手伝いさんから、女性が自分の意思で結婚したり離婚したりすることができないこと、財産権や相続権がないこと、貧しい家庭ではやむにやまれず女の子が身売りすることもあるといった話を聞いて育ったそうです。その後、16歳でアメリカのミルズ大学という女子大に進学したところで日本とアメリカの戦争が始まり、日本に留まっていた両親とは音信不通になってしまいました。大学で「女性も自立し、職業を持つべし」と教育されたベアテさんは、卒業後、ラジオ局やニュース誌の編集部などで働きます。ようやく終戦を迎えた時に、両親との再会を願ってGHQの仕事に応募するのです。

憲法に定められた「法の下の平等」と「個人の尊厳と両性の本質的平等」という基本的人権に関する条項が、22歳のアメリカ人女性によって起案されたことを知り、びっくりしました。そのうえ、ベアテさんは、「非嫡出子（婚姻外で生まれた子ども）に対する法的差別の禁止」「妊産婦の保護と公的補助」「同一労働に対して男性と同じ賃金を得る権利」といった、社会福祉や同一労働同一賃金まで草案に含めていたのです。多くの記述は、「憲法ではなく、民法などの法律でカバーすべきこと」として、草案の段階で上司から削除されたようですが、ベアテさんとしては、何とか具体的な条項を盛り込みたかったのでしょう。それに対し、当時の日本政府は「男女平等は日本の伝統文化に合わない」と、両性の平等条項そのものに反論したそうです。彼女の踏ん張りがなければ、「両性の平等」は憲法で保障されていなかったのかもしれません。最終草案は、民主的な憲法改正手続きを経て、1947年5月3日（そう、憲法記念日です）に施行されたのです。

ベアテさんは、日本国内の女性たちによる女性参政権運動のこともよくご存じでした。世界中の憲法のことも詳細に調査されていました。男女平等の理念は、決してベアテさんの思いつきではなく、たくさんの日本人女性たちの運動と世界の立憲民主主義の歩みの延長線上にあると言えるでしょう。国籍を超えた女性としての連帯意識と「日本の女性にとってベストな憲法を」という強い志を持って、草案の作成にあたられていたことがよくわかりました。

講演会の最後に、「あなたのような日本の若い女性は、もっと世界の女性と連帯して運動していってください。日本国内でも、女性はもっと政治に参加して、自分たちや子どもたちが生きやすい社会にしなければなりません」と発破をかけられました。ベアテさんの訃報に際して、その言葉がふっと甦ってきました。UNDP職員として国境を越えてたくさんの女性たちと連帯し、ジェンダー平等や女性のエンパワーメントの推進に携わるようになったこと、日本で若い皆さんに向けてこのようなメッセージを伝えることに、不思議な繋がりを感じます。

ベアテさんが、「男性中心の政府では、女性や子どもの権利を守るための具体的な法律はなかなかできないかもしれない」と危惧《きぐ》していた通り、非嫡出子の差別の撤廃、同一労働同一賃金、女性が働きながら子どもを育てるための環境整備など、70年近く経った今も実現していません。国会の9割以上を男性が占める日本の現状を最期まで心配していたかもしれません。

今、私たちが歩んでいるのは、ベアテさん、市川房枝さんといった先人たちが勇気を持って切り開いてくれた道です。その道が閉ざされないように、その道がより歩きやすい道になるように、自分の頭で考え、他の人たちとも繋がりながら生きていきたいと改めて思いました。たくさんの女性たちからの、目に見えない贈り物をあなたもぜひ受けとめてください。

今回、第一線で活躍中の女性たちが、多忙を縫って私のインタビューを受けてくださったのも、ご自身の知見と経験を「あなた」に伝えたいと強く思ってくださったからです。「あなた」を応援している人はたくさんいます。

お忙しい中、本書の趣旨に賛同してご協力くださった狩野みきさん、吉田穂波さん、伊藤和子さん、菅谷明子さん、崔真淑さん、治部れんげさん、目黒依子さんに心から感謝いたします。

なかなか筆が進まない私を優しく励まし続けてくれた講談社の依田則子さん、ツイッターで私を見つけ、「もっとたくさんの人たちにメッセージを発信してください！」と熱心に声をかけてくれた三桂の小野寺美穂さん、赤ちゃんが生まれたばかりで公私ともに忙しい中、デザインを担当してくれた新米イクメンの井口創さん。「いつか本を出したい」という私の夢を叶えてくださってありがとうございました。

私の人生をこんなにも冒険と幸せに満ちたものにしてくれた子どもたち、どんな時もユーモアを持って私を支えてくれる家族、一番身近なロール・モデルの母に「ありがとう」の一言を。

そして、何よりも、最後まで読んでくださった「あなた」に感謝しています。あなたの人生が幸せなものになりますように！

2013年3月　大崎麻子

【注釈】

＊１）ブリンマー大学

人文科学・自然科学・社会科学など、学際的に幅広く学ぶ四年制大学。原則的に全寮制で、少人数教育を行っている。

＊２）グラサ・マシェル女史

モザンビークの元教育大臣で、子どもと女性の権利の活動家。南アフリカ共和国のネルソン・マンデラ元大統領の配偶者でもある。

＊３）2012年に発表された国連の報告書

The Millennium Development Goals Report 2012, United Nations

http://mdgs.un.org/unsd/mdg/Resources/Static/Products/Progress2012/English2012.pdf

＊４）国際機関ＪＰＯ派遣制度

外務省国際機関人事センター　http://www.mofa-irc.go.jp/jpo/index.html

＊５）平成23年男性の平均年収

国税庁「民間給与実態統計調査」平成23年度

http://www.nta.go.jp/kohyo/tokei/kokuzeicho/minkan2011/pdf/001.pdf

＊６）世界経済フォーラム

スイスに本部を置く非営利財団。1971年にスイスの経済学者クラウス・シュワブにより設立された。スイスのダボスで開催される年次総会が特によく知られている。

＊７）日本女性の平均寿命

2011年、女性は26年連続世界１位だった前年を0.40歳下回り、香港（86.7歳）に次いで２位となった。男性は前年の４位から８位に後退。東日本大震災の発生が平均寿命を縮める大きな要因となった。

＊８）国際協力NGOジョイセフ

日本で生まれた民間の国際援助団体（NGO）

http://www.joicfp.or.jp/jp/

＊９）マイクロ・ファイナンス

担保となる土地や財産を持たない人たちに対して少額の融資を行う制度。その融資を元手に、家内工業や小規模ビジネスを興し、持続的な収入源にまで発展させていくことを目的とする。ノーベル平和賞を受賞した、ムハマド・ユヌス氏がバングラデシュの農村女性を対象に展開したグラミン銀行が有名。

大崎麻子

1971年生まれ。ジェンダー・開発政策専門家。上智大学卒業後、米国コロンビア大学国際関係・公共政策大学院で国際関係修士号（人権・人道問題）を取得。国連開発計画（UNDP）ニューヨーク本部開発政策局ジェンダー・チームで、途上国の「ジェンダー平等の推進と女性のエンパワーメント」を担当し、世界各地で貧困削減、民主的ガバナンス、災害・紛争復興等のプロジェクトを手がけると同時に、国連機関等の多国間政策会議にも多数出席。ワークライフバランス政策の拡充やスタッフ研修等、UNDP内のジェンダー主流化にも従事した。2004年11月に退職後帰国し、フリーの専門家として、政府関係機関、国際機関、NGO、教育機関等で幅広く活動中。現在、関西学院大学客員教授、聖心女子大学非常勤講師、プラン・ジャパン理事、Gender Action Platformアドボカシー担当等。TBS系「サンデーモーニング」等でコメンテーターも務める。また、ニューヨークと東京での子育て経験を活かし、グローバル教育の推進や女性のためのライフ＆キャリアデザイン支援にも取り組んでいる。公式サイト：www.asako-osaki.net

女《おんな》の子《こ》の幸福論《こうふくろん》　もっと輝《かがや》く、明日《あす》からの生《い》き方《かた》

2013年 3月25日 第1刷発行
2014年 5月12日 第2刷発行

著者　大崎麻子《おおさきあさこ》

デザイン　井口創デザイン事務所
イラスト　山本香織
マネージメント　小野寺美穂（株式会社三桂）
撮影　大坪尚人
企画編集　依田則子

発行者　鈴木 哲
発行所　株式会社講談社　〒112-8001 東京都文京区音羽二丁目12-21
電話　出版部 03-5395-3522
販売部 03-5395-3622
業務部 03-5395-3615

印刷所　慶昌堂印刷株式会社
製本所　株式会社若林製本工場

ISBN978-4-06- 218081-8 222p 18cm N.D.C.361